新 潮 文 庫

家 族 脳

—親心と子心は、なぜこうも厄介なのか—

黒川伊保子著

新 潮 社 版

9982

はじめに――四冊目の新潮文庫

世界が、新たな千年紀への突入に沸いてから、あっという間に十四年が経《た》った。私は、昭和三十四年生まれなので、あらためて愕然《がくぜん》とする。終戦から十四年で私は生まれた。戦争なんて、はるか遠く昔の出来事だと思っていたのに、自分が生まれるまでに、たったこれしか経っていなかったのかと。

でもね、家族という風景で見てみると十四年には隔世の感がある。

二〇〇〇年、夫はまだ私の心をざわつかせ、子どもはまだ幼く、私がいなければ夜も日も明けなかった。親たちは全員元気で、よく孫を見てくれた。ほどなくして我が家には、ぬいぐるみのような、とぼけた子猫がやってきた。

二〇一四年、夫は空気のような存在になり、子どもはタフなバイク乗りになった。しかも、もう家にいない。義父と父を見送り、母はすっかり気が弱くなった。我が家のアイドル猫はとぼけた老猫となり、日がな一日昼寝をしている。四十歳だった私は、五十四歳になった。

この十四年の間に、私の新潮文庫は、男女の違いに戸惑う『恋愛脳』から、あきらめと笑いの境地『夫婦脳』へと引き継がれ、職場の脳科学『運がいいと言われる人の脳科学』を経て、『家族脳』へとたどり着いた。

家族は、世代を超えて、ゆるやかに連携する脳たちだ。息子の親であり、父たちの娘であることは、合わせ鏡のように、家族の風景を浮かび上がらせてくれる。男女のことばかりに気を取られていたのが惜しいくらいに、この風景は面白い。

ここらで一冊、私と一緒に、家族を楽しんでみてくれませんか？

さて。

縁あって、このページを開いた方の中には、子育てには関係ない方も多くいると思う。それでも、他人事《ひとごと》と思わずに読んでほしい。あなた自身の中に〝無邪気な子ども〟のあなたがいるはずだから。

子育てしながら、気づいたことがある。それは、子育てとは、自分自身の育ちのやり直しでもあるのだということ。

たとえば、私の中に、転んで叱《しか》られた記憶があった。ひざの痛みに必死に耐えている私に、母が「だから気をつけろって言ったじゃないの」ときつく言いすえたのだ。たしかにその通りだったのだろう。私は終始ぼんやりしている子だったし、幼い弟を抱えた母は、私を抱き起す余裕もなかったに違いない。なので、こんなことは日常茶飯事で、私もたいして気にも留めずにいたと思う。その証拠に、すっかり忘れ去られていた記憶だったのだ。

なのに、三十年後、転んだ息子を抱きしめて、「痛かったでしょう」と慰めたそのとき、その記憶が鮮やかに蘇《よみがえ》った。

私は息子を抱きながら、一緒に「そのときの自分」も抱いていたのだと思う。私は母さんにこうしてほしかったんだなぁと、しみじみと思い、心のしこりが一つ昇華した。

子育てとは、溺《おぼ》れかけて泳いでいるような、必死の毎日だ。親たちは、なんらか失敗して、子どもたちの心にしこりを残す。それは、仕方のないことだ。私の息子の心にだって、いくつものしこりがあるのだろう。

なので、子育てをしない方にも、この本の中の親子の風景をのぞいてほしい。〝心の中の子ども〟を解放するきっかけになってくれたら、幸いです。
家族の風景を、誰もが楽しめますように。心から祈って。

目次

家族脳

——親心と子心は、なぜこうも厄介なのか

家族を楽しもう

Vol・1　ノーベル賞なんかいらない

この夏、息子が二十歳《はたち》になった。

誕生日の朝、リビングに入ってきた青年は、二十年前、そうなってほしいと願った通りの姿をしていた。今風のイケメンじゃないけれど、西郷隆盛《さいごうたかもり》の青年時代を演じさせたいような気骨ある風貌《ふうぼう》をしている。シャリ感のある麻の浴衣《ゆかた》を、祖父からもらった絞りの兵児帯《へこおび》できりりと着ていた。

「誕生日、おめでとう。とうとう二十歳だね。どんな感じ？」と聞いたら、「〝十九歳のある日〟と一緒。人生の何でもない一日に過ぎないよ」と素っ気ない。でも、私の顔を見て、思い直したように「けど、二十年……育てたほうには、感慨があるだろうね。ありがとう」と抱きすくめてくれた。

二十年前の同じ日、あまりの小ささにこわごわと抱き上げた赤ん坊は、約三十倍の質量になって、ゆったりとここにいる。

あの日の夢が、確かなかたちで結実していた。

少し前、私は不思議な夢を見た。枕元《まくらもと》に立った神様が、「お前にノーベル賞をあげよう」と言ったのだ。

もしも、私の、脳科学に基づいた経済サイクル論がノーベル賞に輝いたのなら、日本人初の経済学賞、しかも女性初の受賞だし、けっこう話題になるはずだ。会社の業績も上がるし、本も売れるし……とミーハーに盛り上がる夢の中の私だったのだが、神様は、なんと引き換えの条件を口にした。「ただし、子育ての記憶と引き換えに」、と。

「へ？」と、私は声を上げてしまった。

右の乳房に吸い付きながら、左の乳房をしっかり握っていたあの赤ん坊。保育園に迎えに行ったら、満面の笑みで一目散に駆け寄ってきたあの幼子。寒い日に、私のズボンの中に息子の足を入れて温めてあげると、「これをしてもらうと、嬉《うれ》しくて笑いが止まらなくなるんだよ」といって、よくけらけら笑っていたっけ。仕事がうまく行かなくて、家事も破たんして、イラついて息子に当たり散らした日、「お願い、落ち着いて。おいらは、ママに抱きしめてもらいたいだけなんだ」と言って、腕の中に飛び込んできてくれた、あの小学生……。

「待って！」と、私は声を上げていた。「ノーベル賞なんかいらない！」

実際に声を上げていたらしく、自分の声で目が覚めた。明け方の薄闇《うすやみ》の中、不安になって、息子の寝顔を確かめに行く。「のほほん」ということばが、これほど似合う顔もないという寝顔をして、彼はそこにいた。私の脳に、彼との日々を忘れたと思われる徴候はなかった。

日本女性初のノーベル賞はかなわなかったけれど（そもそも大妄想にすぎないけどね）、私の人生の最大の輝きが「子育ての記憶」だったことが自覚出来たのは、興味深いことだった。

そりゃ、息子そのものも大事だけど、二十歳ともなれば、息子の人生は息子のものだ。何かのために命をかける権利は彼自身にある。

でも、私には、子育ての記憶が残り、それは、どんなに大きな功績にも換えられない。私のここまでの人生の最大の功績は、母になれたことだ。たぶん、人生の終わりにも、同じことを口にすると思う。

二十年前、私は、その輝きの入り口にいた。

夜泣きする息子に途方に暮れ、理解のない（と思っていた）夫に腹を立て、うまくいかない仕事に苛立《いらだ》っていた。

息子は可愛《かわい》くて仕方なかったけれど、泥沼を歩くような疲弊感が常にあったような気がする。ある日、二人でトラックにぶつかりそうになったとき、「このまま轢《ひ》いてくれたら、楽になるのに」と思ったのを覚えているもの。

同じ道を、今の若い「母」たちも、歩いているのだろうか。

子育ての出口にいる私が、子育ての真っ最中にいるあなたに、どうしても贈りたいことばがある。子育てを楽しもう。その記憶は、やがてどの宝石よりも、あなたを飾るはずだから。

この章では、子育てと家族を楽しむコツを、脳科学の立場から書いていこうと思う。袋小路に入ったような気持ちが、少し楽になるといいなぁと願いつつ。

そして、「母」でない方に。

「母であることの輝き」を謳《うた》いあげるたびに、私は、母にならない人生を選んだ方のことを思わざるを得ない。出来なくて、という方もいるだろうし、縁がなくて、という方もいるだろうし、「そんな面倒なもの、要らなかった」という方もいるに違いない。

理由はどうでもいい、人類には、「産まない女性脳」の存在は、不可欠なのである。だから、どの社会にも、自然と「母にならない選択をする女性脳」が、いくばくか含まれる。巫女《みこ》や修道女のように、宗教がその存在を担保することもある。

人類には、大きく分けて、男性脳、女性脳、子を産んだ女性脳、ゲイの脳の四種類が存在する。「女は弱し、されど母は強し」というが、そもそも脳と神経系の構造が違うのだ。理由は、妊娠・授乳期に、それを経験しない女性にはあまり分泌《ぶんぴつ》しないホルモンに大量にさらされるからだ。結果、タフでしなやかに、より現実的になっていく。

一方、母にならずに成熟していく女性脳は、ある種の繊細さを失わず、緻密《ちみつ》さがあり、ロマンティックな想像力を時に溢《あふ》れさせ、母性愛を社会のために使える。社会が機能するためには、この脳の存在が、必要不可欠なのである。

女には、産んで成熟する脳と、産まずに成熟する脳があり、それは別物で、どちらも大事な脳なのだ。

だから、女は母にならなければ一人前だなんて、私は思わない。私が「母であることの輝き」を口にするのは、「たまさか母になる人生になったのだから、その輝きを高らかに謳歌《おうか》しましょうよ」というほどの意味合いである。母にならない人を否定する気持ちはいっさいないことを、どうしても言っておきたい。

でもね、誰もが母になるわけじゃないけど、誰にも母がいる。私の本の中の「母」を、自分がならなかったそれではなく、自分の母に置き換えて、優しく笑ってあげてください。男性の読者の方も、そんな感じで。

Vol.2 男としてかっこ悪い

二十七年前、私が嫁いできた家は、江戸文化の真っただ中、蔵前界隈《かいわい》にある。隅田川沿いで、日本橋と浅草の間にあり、神田や御徒町《おかちまち》も徒歩圏内だ。

そんな町で、腕のいい制帽職人として工房を構えていた舅《しゅうと》は、美しい江戸ことばを使った。蔵前の旦那衆《だんな》のことばは、「てやんでぇ、こちとら江戸っ子だい」という威勢のいいものとは少し違う。落語のご隠居のような品のいい語り口で、「ちょいと、煙草盆《たばこぼん》（灰皿）、とっとくれ」「髪床《かみどこ》（床屋）、行ってくるよ」などと、軽やかに言い放つ。

息子が、一歳半くらいのときだったと思う。食卓につかまり立ちしていた彼が、ソースの皿に手をつっこんで持ち上げた。私が「あっ」と声を上げそうになった瞬間、舅が、息子の手首をすっと取り、「そんなんじゃ、始末が悪くて、しょうがねぇよ」と声をかけたのだった。語尾が軽やかに上がる、江戸弁特有のイントネーションだ（映画の寅《とら》さんを想像してください）。

息子は、「お、そうかい?」とでもいうような顔をして、おとなしく手のひらを拭《ふ》いてもらっている。

私は、感動してしまった。「あ〜っ、ダメダメ!」と叫んで、いきなり手を持ちあげたら、息子は大泣きをして抵抗しただろう。

江戸弁の魅力は、人に真正面からぶつかったりしないところにある。人口密度の高かった江戸の町の知恵なのだろう。斜めから差し込んで、すっと抜ける感じ。「ちょいと、始末が悪くて、しょうがねぇよ」は、よそのご隠居さんが、舗道いっぱいに並んで歩いていた女子中学生にかけているのを聞いたことがある。女の子たちは、嫌《いや》な顔もせず、「はーい」と言って一列になった。これが、「邪魔、邪魔!」だったら、その爽《さわ》やかさはないだろう。

二歳近くなると、子どもは、手に負えなくなってくる。目を離したすきに、ミルクは倒す、シリアルを床にまく、砂は口に入れる、公園から帰らないと駄々をこねる。真面目《まじめ》なお母さんだと、子どもを計画通りに動かそうとして、くたくたになってしまう。ダメということをあえてやるように見えるので、根性が悪いのかと勘違いして、叱《しか》って心根を正さなければ、と思う親も多いようだ。

けれど、待って。二歳児、三歳児に、嫌がらせをする能力はまだない。彼らの脳は、世の中がどうなっているのか知りたくて、実験を繰り返しているのである。地球に来てまだわずか、大人たちが当たり前だと思っている現象も、彼らの脳にとっては当たり前じゃない。触って確かめたくて仕方がない。ミルクの入ったコップを倒したらどうなるのか、その事象は何度やっても同じように展開されるのか……その好奇心と探求心は、ノーベル賞受賞学者と変わらない。本当に崇高《すうこう》なものだ。

だから、私は、息子の〝実験〟をなるたけ静かに見守ってやりたいと思っていた。「あ!」「だめ!」などと声を上げて、思考を中断させるのは勿体《もったい》ないからだ。その実験が無駄になるからね。できれば、「面白かった?」とウィンクしてやりたいくらいである。興奮して叱りつけるなんて、とんでもない。ましてや叩《たた》くなんて、あんまりだ。

何度か繰り返して、普遍性を確かめられれば、脳は二度と同じことはしない。二十歳になるまで、ティッシュをボックスから引き出し続けたり、シーツにいたずら書きして遊ぶ子はいない。ひとときの実験なら、ティッシュを大きな袋に入れて使えばいいだけのこと。前衛的な模様のシーツも悪くない。

幼少期の〝実験〟を封じられた子に、やがて、勉強に興味を持て（好奇心&探究心）とか、ドリルを繰り返しやれ（繰り返しの確認）と言ってもそりゃ無理である。脳が、その基本機能を作り損ねてしまうからだ。

とはいえ、「これ、暮らしの中でほんっと困ることなんだよ」と知らせたいときがある。義父の「始末が悪くてしょうがねぇよ」は、幼子を驚かせず、心に染《し》みいる絶品のことばだった。

私は、同様のシーンで、「これは、男としてカッコ悪い」と声をかけることにした。離乳食のうどんをひっつかんで振り回したときも、保育園のお友達におもちゃを貸せないときも、期末試験だというのにバイクに乗りに出かけたときも、部屋を片付けないときも。「これは、男として、カッコ悪いよ」と静かに言うと、息子は、「おや、そうかい？」という顔をして、その手を止める。二十歳になった今でも。

子どもの実験を共に楽しもう。楽しめないのなら、静かにその手を止める魔法のことばを持とう。くれぐれも、「あっ」と叫んで手を叩き、脳の実験を無駄にしないように。

Vol.3 頭の中の鏡

新生児の共鳴動作実験というのがある。

抱き上げて、こちらの口元から二十センチくらいのところに、赤ちゃんの顔をもってくる。舌を左右に揺らし、その存在を知らしめた後、ゆっくりと出し入れする。動くものを初めて見るのだから、ひたすら「ゆっくり」が基本である。

すると、赤ちゃんが真似《まね》をするのだ！（正確に言うと、「気が向いた赤ちゃん」が真似をしてくれる。わが子で実験して、それをしてくれないからと言って、落ち込まないで）

生まれて三時間の赤ちゃんで、この実験ができる。これって、すごいことだと思いませんか？

なぜなら、生まれて三時間の赤ちゃんでも、目の前にちらちらするピンクの物体が、自分の身体《からだ》のどこに当たっていて、どうすれば同じ事ができるかわかるってことだから。

ヒトの脳は、人生最多の脳細胞数で生まれてくるという。

私たちの脳の中には、ニューロンと呼ばれる脳神経細胞がびっしりとつまっている。一千数百億個もあるのだそうだ。そのニューロンは、いくつにも枝分かれしている神経線維で他のニューロンと結びつき、回路を構成している。

この脳神経回路は、一つ一つが知覚や認識に使われているもので、ひいては情動、インスピレーション、つかみ、発想、思考など、脳のイベントのすべてを作り出す。

新生児は、人生最多といわれるその膨大な数の脳細胞を、ひたすら感じることに使っている。すなわち、感じる天才なのだ。

その中には、ミラーニューロンと呼ばれる脳細胞がある。ミラーは鏡。すなわち、目の前の人の表情や所作を、鏡に映すように、脳裏に焼き付けてしまう脳細胞だ。

ミラーニューロンは大人にもある。目の前の人が、花が咲いたようににこっと笑えば、つられて笑顔になるでしょう？　嬉《うれ》しそうな表情の人といると、なんだかわくわくしてくるし、暗い顔の人といると落ち込んでしまう。

あれは、知らず知らずに相手の表情筋を写し取っているからなのだ。人の情動とは不思議なもので、嬉しいから笑顔になるのだけれど、その逆もまた真なり、なのである。つまり、嬉しい表情を作れば、なんとなく嬉しい気分になってくる。

だから、嬉しそうな表情の人は、人間関係がとても楽になる。嬉しい気持ちが伝播《でんぱ》するからね。そんなにおしゃべりでもないのに、「あの人がいると、場が柔らかくなる、明るくなる」という人がいると思う。職場であれば、やがて頭角を現して、熱血社員でもないのに出世していくタイプだ。世の優良組織のトップリーダーたちは、その多くがこのタイプである。嬉しそうな、前向きの表情をしていて、周囲をその表情に巻き込んでしまう。辛辣《しんらつ》な厳しい表情の中にも、その表情が含まれている。そうそう、俳優の堺雅人《さかいまさと》さんが、鮮やかにそのタイプである。

この表情の持ち主を、人はないがしろにできない。この人の立場が知られていない場所でも、例えば初めて入ったレストランでも、サービスしてくれる人たちに「この方にサービスすることは、とても嬉しい」と思わせてしまう力がある。

だから、つとめて、嬉しい表情、嬉しい気分でいることだ。たとえ、あやまらなくてはならないときも、「あやまるチャンスをもらえてよかった」といったん嬉しい気持ちになって、それから神妙な表情を作る。そうして、相手に会えば、ことはスムーズに運ぶ。どこかの場に入るときに、常に嬉しい気持ちを心がけていれば、人間関係はかなり良好に上質になってくる。ぜひ、試してみてください。

そして何より、家族に、その嬉しい表情筋を見せてあげてほしい。大人でさえ感情を左右されるのだもの、感じる天才の子どもたちに不機嫌な顔を見せるのは、本当に酷である。だから、たとえ辛《つら》いことがあっても、嬉しい顔をする義務が母親にはあると私は思う。

嬉しい表情は伝染し、家族を幸福にする。幸福感さえあれば、人は様々な困難を乗り越えていける。子どもの好奇心だって、やる気だって、嬉しそうな表情の母親の子は圧倒的に強い。家族のパフォーマンスを上げるために、まず笑顔より始めよ、である。

Ｖｏｌ．４　初心者男子のためのタキシード道

昨年末のクリスマス、ホテルのダンスパーティで、息子が急遽《きゅうきょ》、私をエスコートすることになった。招待状に書かれたドレスコード（服装規定）は「ブラックタイ」、ということは男性がタキシード、女性はカクテルドレスである。

タキシードは今やネットレンタルで簡単に手に入るのだけど、問題は「タキシードを着る志」のほう。志がなければ、若い人のタキシード姿は貧相だ。

彼にしてみたら、正式エスコート役の怪我《けが》降板によるピンチヒッター、巻き込まれた被害者である。うるさいことを言うと嫌がる可能性は高いし、導入を間違えると「じゃ、行かない」ということにもなりかねない。それでも、タキシードを着る心構えは、教えておかなければならない。というわけで動機づけは慎重に……

「ゆうさん、この度、あなたをダンスパーティに誘ったのは……」

「Kさんが、急に来れなくなっちゃったからでしょ？」と息子。

「いやいや。だとしても、他に山ほど候補がいたのに（嘘《うそ》である）あなたを抜擢《ばってき》した

のには、わけがあるの。あなたが将来、ヨーロッパでVIPとして仕事をしたり、正式な学会に出席したりしたら、舞踏晩餐会《ばんさんかい》が開かれる。そんなとき、堂々とふるまえるためよ。だから、この際、しっかりと体得してほしいわけ」
「まぁ、せっかくの機会だからね。毒を食らわば、皿までも、だよね」
「それを言うなら、郷に入れば、郷にしたがえ、でしょ」

タキシード道、その1。タキシードを着たら、男子はけっして背中を丸めてはいけない。剣道の構えのように、すっきりと背を伸ばし、肩からは余分な力を抜く。腕は、みぞおちの辺りを中心に円を描くように、素早くても優雅に動かす。剣士の所作なので、日本男子は意外にできる。高校時代剣道部だった息子も、ここは比較的簡単に通過した。

タキシード道、その2。タキシードを着たら、男子は「三点エスコート」を忘れてはいけない。ロングドレスを着た女性は、車から降りるとき、椅子《いす》から立ち上がるとき、そして段差に躓《つまず》きやすい。だから、この三ヶ所では、男性は手を貸してあげる必要があるのである。その際には、手だけではなくて、ひじから先のすべてを貸してあげる気持ちで差し出す。当然、手首はかなりひねらなくてはならない。人によっては、腕をバーのようにつかんだ方が立ち上がりやすい人もいるし、手を握りたい人もいるからね。

エスコートというと、初心者は、ずっと腕を貸さなければならないような気がして緊張しがち。しかも、どんなタイミングで腕を差し出したらいいかわからないから、右往左往する。女性も自分で歩けるから、基本は放っておけばいい。三点エスコートだけ気にしていれば大丈夫。これだと、腕を差し出すタイミングがわかるから安心するでしょう？　ただし、危険な三ヶ所をクリアした後も、女性が腕を離さなかったら、そのままエスコートし続けてあげてほしい。

タキシード道、その3。タキシードを着たら、男子は、ダンス音楽を黙って聞いていてはいけない。ダンスパーティでダンスを踊らないなんて、寿司《すし》屋で寿司を食べないようなものだもの。

日本人はダンスを難しく考えるけど、女性を堂々と誘って、フロアに出ればいいだけだ。後は組んで、一緒に左右に揺れていればいい。ちょっと足を動かせたら、テキトーに動かしてみる。女性がついてきてくれたら、チョー楽しい。ワルツやタンゴはこの延長線上にあるだけで、踊れたら楽しいけど、踊れなくてもいっこうにかまわない。周りが華麗に舞っても、なんら悪びれることはない。これ見よがしに踊るほうが、社交界では下品なのだから。

というわけで、パーティの前夜、息子に教えたのは、腕の差し出し方と、ダンスの男女の組み方だけ。たった十分で終了である。けれど息子は、当日、堂々と私をエスコートしてくれ、よその女性とも何曲も踊って、ダンスパーティを堪能《たんのう》した。

その華やかな席の最中に、ふと気づいたことがあった。彼の妊娠を産科で告げられたのは、二十一年前のクリスマスの日。「人生最高のクリスマス・プレゼント！」だと思ったのだが、どうやら、そのプレゼントはまだ続いているらしい。二十一年後の同じ日に、堂々と腕を差し出してくれるタキシード姿の一八〇センチになろうとはね。こりゃ、すごいプレゼントをもらったものだ。

同じパーティに、私と同世代の女性が二人、二十代の娘を同伴していた。こちらも、セットでモテて楽しそうだった。五十代の母と、二十代の子になったって、まだ子育ては楽しめる。

正式なパーティじゃなくても、落ち着いたバーや飲み屋でもいい、大人になりたての息子や娘を連れて行けるような「大人の場所」を作っておきませんか。その日のために、母親とて女を磨いておく必要がある。けれど、そんな日を想像したら、子育ての煩雑《はんざつ》な日々に、一陣の爽《さわ》やかな風が吹かないだろうか。

Ｖｏｌ．５　奇跡を起こすコツ

先日、史上最高の体操選手と言われる内村航平《うちむらこうへい》さんに、テレビのアナウンサーが「競技中、何を考えているんですか？」と質問していた。

私は、「無我夢中なだけちゃう？　間の抜けた質問しなや」と突っ込んだのだが（テレビにツッコミを入れるときは、なぜか関西弁だ）、回答を聞いて深く感動し、真《しん》摯《し》に前言撤回することになった。

内村選手は、こう語った。「皆さんは、僕が回転したり、体をねじったり、着地しているのを見ているのでしょうけれど、僕は、世界が回転したり、ねじれたり、静止するのを見ているんです。この風景を見られるのは世界中で僕だけで、僕は、それをひたすら楽しんでいます」（聞き流しただけなので、細かい文言は違うと思いますがご容赦ください）

私は、「あー」と声を上げてしまった。

彼は、着地の瞬間、大きくたわんだ身体《からだ》をぐいっと起して、足を踏み出すことなくピタッと止める。それは物理法則を無視したような、奇跡の光景なのだが、あの奇跡は、脳が無邪気に楽しんでいるから起こせたことなのだった！

金メダルのためや、他人に評価してもらうためだったら、おそらく止まれない。運動神経に対して処理速度がわずかに劣る、大脳の思考領域が働くからだ。無邪気に楽しむ人は、直感と運動神経を司《つかさど》る小脳に処理が集中する。

楽しむことは、だから、脳が奇跡を起こす最大のコツだ。

アスリートに限らず、超一流のプロたちは、「素敵な自分になって、人にちやほやしてもらう」ために頑張ったりしない。自分の興味の対象を、ひらすら無邪気に楽しんでいる。

iPad、iPhone、iTunesで世界を制した稀代《きたい》の天才、スティーブ・ジョブズも、二〇〇五年の講演で「好きでたまらないことを見つけなければならない」と言った。生存率の低い膵臓《すいぞう》がんを宣告された後の、スタンフォード大学の卒業生に向けた講演である。彼の人生のすべてをかけて紡《つむ》ぎだしたことばに違いなく、その意味は深い。

コンピュータが無骨な工業用電子機器だった三十五年前（画面、計算処理部、記憶部などが別々の箱に入り、みっともない線でつながっていた）、ジョブズは、こんなものを自分のオフィスに入れるのは我慢ならない、と唸《うな》った。美しい文房具としてのコンピュータを作ってやる。そう宣言したジョブズは、電子工学の専門家でもないのに、デザイナーの立場から、本当に美しいパソコンを作ってしまったのだ。そのアップルの一体型コンピュータは、売り出されて間もなく〝伝説〟と呼ばれ、これを契機にパーソナル・コンピュータいわゆるパソコンというカテゴリが生まれたのである。

ジョブズの四つ年下の私は、三十年前、コンピュータ会社の研究所に入り、同業の端くれとして、彼の奇跡を目《ま》の当たりにした若者の一人である。あれは、本当に奇跡だった。

ジョブズはまた、こうも言っている。「人生は短いのだから、他人の価値観で生きる暇《ひま》はない」

アメリカのある中学校で、数年にわたり、こんな試みが行われた。選択科目のアートのクラスを二つに分け、片方は「褒《ほ》めて育てる」、もう片方は「クールに接する」方針を貫く。どちらが、才能を開花するのに向いているかの実験である。

結果、「褒めて育てる」クラスのほうは、高校に進学してアートを選択する子の数が圧倒的に少なく、後にアートやデザインのプロを目指したのは、「クールに接する」クラスの子だけだったという。

褒められると嬉《うれ》しいから、子どもは褒めてもらうために描くことになる。恣意的《しいてき》に動く脳は、脳の奥にある才能に蓋《ふた》をしてしまう。創意が溢《あふ》れてこないので、描くことは義務になりタスクになる。辛いから、アートから逃げることになる。

才能は、ちやほやして育てるものじゃないらしい。小さなころからお稽古事三昧《けいこごとざんまい》というのは、子どもにとっては、仇《あだ》になることもある。時には禁止されることのほうが、子どもの好奇心を掻《か》き立てることもある。うちの息子は、小学生のころ、「夜、家で教科書を読むのは禁止。宿題なんか、明るいうちにどこかでやってきなさい」と言ったら、隠れて読んでいたもの（微笑）。

ほら、大人の女だって、お見合いした相手を仲人さんがべた褒めしたらなんだか引いてしまうでしょう。「親孝行で、まじめなのよぉ」「収入だって安定してるし」「その上、すかっとした好青年でしょ」……ね？

同じ男を、誰かが「彼だけは止《や》めときなさい。ちょっと屈折してるから」くらいに言ってくれたほうが、胸が妖《あや》しくときめいてしまうはずだ。

放っておいたほうが育つ才能もある。子どもが自ら出逢《であ》った「好きなもの」こそ、将来、奇跡を起こす可能性が高い。子どもの日常は、ある程度放っておかれて、ゆったりと暇なほうがいいのである。

Vol.6　脳のために食べる、人生のために食べる

夫に思いやりがない。

妻にウェストがない。

子どもにやる気がない。

……どれかに、心当たりがありますか？

この三つ、ぜんぜん違うことのようだが、原因は一つ。糖質過多の食生活が作りだす、家族の病理なのである。対処法はいたって簡単だ。ごはんの食べ方を変えるだけでいい。

脳は、神経線維のネットワークであり、ここに電気信号を流すことで、気づく・感じる・考える・思うなどのすべてのイベントを行っている。

この地球上では、脳といえども、電気を起こすにはエネルギーがいる。家電製品と一緒で、エネルギーがなければ、脳は動けないのである。そのエネルギーが安定して

届かないと、脳の機能に欠損が生じる。それが、性格の悪さや代謝の悪さとなって、表出してくるのである。

脳が電気信号のために使うエネルギーは、ブドウ糖のみ。飢餓《きが》などで生体が危機的状態になると、他の物質で代替することもあるが、その場合、脳は完全に正常には機能できない。ブドウ糖は、脳にとって、一瞬たりとも欠かせない栄養素なのである。ちなみに、ブドウ糖は、甘いものや炭水化物、根菜類に多く含まれているが、カロリー換算できるあらゆる食品に含まれている。

脳にとって一瞬たりとも欠かせない栄養素としては、もう一つ、酸素も挙げられる。酸素は肺《はい》から摂取《せっしゅ》するが、ヘム鉄と呼ばれる物質と共に脳に運ばれるので、口からは鉄分の摂取が欠かせない。

さらに、電気信号を司る脳内神経伝達物質（知恵やセンスを脳に定着させる《メラトニン》、やる気を作りだす《セロトニン》、好奇心を引き出す《ドーパミン》、集中力を作りだす《ノルアドレナリン》など）は、ビタミンB、アミノ酸、葉酸でできている。ビタミンBとアミノ酸は肉や魚に、葉酸は野菜や果物に含まれている。

これらの知を私にもたらしてくれた高分子栄養学の専門家、佐藤智春《ちはる》さんは、「B

不足は、注意力不足」と軽やかに言い放つ。さらに、「ビタミンBはナトリウム依存で血中を運ばれるから、減塩しすぎると、脳は元気を失ってしまう。気をつけて」とも。

その他、脳の回路を守るためのコレステロールや、血流を良くするEPAなどの脂《あぶら》も不可欠。そう考えると、肉魚・野菜を中心に、バランスの良い食事をすることは、身体のためだけじゃなく、脳のために不可欠だったのだ。

成長期の「食べない」ダイエットは、だから、脳にも危ない。ダイエットする一方で勉強をしても、成績はじりじり下がっていってしまう。こんな無駄で悲しいことはない。さらに、思春期のそれは、生殖器官の発達を阻害する。将来、辛《つら》い不妊治療に泣くことも。

「食事とは、脳のために栄養素を確保する作業である」あるいは「成長期の食事とは、人生のために栄養素を確保する作業である」と言い換えても過言ではないのである。家族の脳は、主婦の手にかかっている。いい家族脳を手に入れるため、共にがんばりましょう。

さて、脳科学の見地から、家族の食にアドバイスがある。

食事を甘いものや炭水化物だけで済まさないで。夕ご飯の後、甘いものを口にしないで。

つまり、糖質摂取の仕方に注意してほしいのである。これだけで、家族の性格と体型はかなり変わる。栄養の世界は知り始めるといろいろあって面白いけど、まずはここから挑戦してほしい。

脳の唯一《ゆいいつ》のエネルギー、ブドウ糖。

ブドウ糖は、消化器官から吸収されて、血糖というかたちで脳に運ばれる。血糖値は悪者のように使われることばだが、血糖がなければ、私たちの脳は動かない。空腹時でも八十程度に保たれている血糖値だが、四十を切ると意識混濁状態になってしまう。

一方で、糖は分子構造が大きいので、血糖値が高すぎれば血液や血管に悪影響を与える。このため、血糖値が上がれば、抑制するためのホルモン・インスリンが分泌《ぶんぴつ》されて、血糖値の安定を図っている。

空腹時、いきなり糖質過多の食品（甘いお菓子、甘い果物、白い炭水化物、アルコール）を摂取すると、血糖値は跳ね上がる。すると膵臓がびっくりして、インスリンを過剰分泌するので、ほどなく血糖値は急降下してしまうのである。この乱高下が、脳の機能を劣化させてしまうのだ。

糖質は、食べた直後は脳が元気になるので、かなりいい感じだ。しかし、食後一時間半を過ぎたころから血糖値の急降下が始まるので、だるくてしかたなくなる。一気に下がった血糖値は下げ止まらず、食後二～三時間の間に、空腹時血糖値を割り込む人もいる。このとき、脳は危険を感じて「早く甘いものを食べて」という信号を送ってくるのだ。

朝食を、クリームパンやカステラのような甘いもの、トーストやおにぎりのような炭水化物だけで済ましてしまうと、十時半くらいに急におなかが空き、甘いものが食べたくなりませんか？　朝ごはんを糖質だけで始めると、一日中、甘いものに追いかけられてしまう。加えて定常的なインスリンの過剰分泌は、代謝を下げてしまうので、いっそう太りやすい体質になってしまうのである。

血糖値が空腹時血糖値より下がり始めると、身体は、血糖値を上げるホルモン群を連打してくる。絶対に、血糖値を意識混濁レベルまで下げてはいけないからだ。

このホルモンの中に、アドレナリンが含まれている。アドレナリンは、別名「闘争と逃走のホルモン」と呼ばれるもので、敵に遭遇したときに噴射されるホルモンだ。

当然、尖《とが》った気持ちを作りだす。つまりキレるのである。だるそうに座っていたかと思うと、ムカついてキレる。人の話を聞けない。やる気が続かない、やる気なんてそもそも起こらない。こんな現象が家族の中にあるなら、それは性格が悪いのでもなく、しつけに失敗したわけでもない。脳と身体が血糖値のコントロールに失敗しているのである。それはとりもなおさず、糖質ばかりの食事に起因している。

糖質だけで、食事を済まさないこと。ジャムトーストに、甘いカフェオレなんて、食事とは言わない。

そして、食べる順番も大事だ。糖質は、低GI食品（野菜、海草、こんにゃく、大豆製品）やタンパク質（肉、魚、卵、乳製品）の後に食べるほうがより血糖値が安定する。混ぜてもいいけど、「糖質から食べる」は避けたほうがいい。

低GIとは、血糖値をいきなり上げない食品だ。血糖値の「いきなり急上昇」がなければ、インスリンの過剰分泌も起きない。だから、急降下もない。

難しく考えないで、「野菜から食べる（胡瓜《きゅうり》一本でもいいから）」を習慣にしたらい い。このとき、野菜は油と共に取ってください。油は野菜の栄養素の吸収を助けるからだ。たとえば、オリーブオイルは、トマトのカロテンの吸収率を上げる。代謝の点から言っても、ある程度の油脂は必要だ。

「野菜ファースト」を基軸に、これを枝豆や冷奴《ひややっこ》、ところてんのような低GI食品に置き換えてバリエーションを増やしていくと楽である。

　昨今は、「GI値」で検索すれば、さまざまな食品のGI値を知ることができる。炭水化物の中にも、例えば蕎麦《そば》のような低GI食品もある。蕎麦は、修験者《しゅげんじゃ》が五穀断ちをしても、最後まで断たない炭水化物。いきなり食べても、脳の機能を劣化させにくい。しっかりと噛《か》まなければならないパスタも炭水化物の中では優秀。玄米や雑穀米、全粒粉の硬いパンもいい感じだ。要は、口の中でとろけるようなふわふわのパン、もっちりの白米を、いきなり食べないこと。

　低GI食品から食事を始めて、タンパク質をしっかり摂《と》れば、脳には、次の食事まで安定してブドウ糖が届くことになる。だるくなりにくく、キレにくい。情緒は安定し、脳内ホルモンも順当に出るので、勉強の効果も上がり、仕事の成果も上がる。朝ごはんのおかずの数が成績と比例する、と言い切る教育学者もいるくらいだ。

　夫や子どもの性格を直したいと思うなら、あるいは成績を上げさせようと思うなら、愚痴や小言ではなく、食事を変えよう。それは、やってみるとわかる、本当に魔法のような「近道」なのだから。

そうそう、糖質主体で食事をしていた人たちが、急に動物性タンパク質を増やすと、腸内環境が新しい消化バランスに合わせて整うまでの間、もしかすると少しおならが臭くなるかも。その場合は、乳酸菌などの腸内細菌を増やしてあげてください。ヨーグルトや漬物などの発酵食品を積極的に。

Vol.7　夫婦の相性

ひととき同僚だった女性が、夫との離婚を考えていると切り出したことがあった。子どもができないまま、倦怠期《けんたいき》に突入。ともに専門職なので、転勤は当然単身赴任で、その生活も長くなった。そんなとき、他に心惹《ひ》かれる男性ができたのだという。この事情なら傷つく人も少ないし、離婚という選択もありじゃないかな、と私は思ったけど、ふと閃《ひらめ》いて、一つだけ質問をしてみた。

「貴女《あなた》がタイタニックに乗っていたと、想像してみて。船には、夫と彼も同乗している。大きな衝撃と同時に船が停止して船はゆっくりと傾きだした。大きい船の真ん中にいて、貴女は、どちらに向かって逃げたらいいかさえもわからない。そのとき、夫と彼が同時に貴女のもとに駆けつけ、手をさし出しました。さぁ、貴女は、どちらの手を取る？」

彼女は、しばし考えた後、「う〜ん、悔《くや》しいけど、夫」と答えた。「夫は気の利《き》いたことも一つも言わず、きっと、意見の相違で何度か喧嘩《けんか》するだろうけど、夫は、必ず私を生かして帰してくれる。そんな気がする」と。

「あー、本当に相性のいい夫婦なのね。別れるのは残念」と、私は唸《うな》ってしまった。

なぜなら、「互いにイラッとしてむかつくけれど、結果、生き残れる」ことこそが、夫婦という単位の真の目的であって、妻がこの質問に、「うう。悔しいけど、夫だわ」と答えられる夫婦こそが、最高に相性がいい夫婦なのである。


脳科学的に、夫婦は、「同じものを見て、同じように感じ、共感と敬愛でしみじみとことばを交わす」ようにはできていない。

生殖して、遺伝子を残す。そのもっとも効率的な方法は、「感性の違うもの同士の掛け合わせ」に他ならない。たとえば、寒さに強い個体と、暑さに強い個体が交配すれば、子孫には、どちらの型も混じることになる。地球が温暖化しても寒冷化しても、誰かは生き残る。つまりね、エアコンの理想の設定温度が一致する夫婦は、理論上、存在しえないことになる。どちらかが快適なら、どちらかが寒い（あるいは暑い）のが「相性のいい夫婦」というものなのだ。

ついでにいえば、どちらかが寝つきがよければ、どちらかが、寝つきが悪い。どちらかが神経質なら、どちらかはおおらかである。

そして、旅に出れば、全然別のものが目に入り、まったく違うものに心を動かす。片方が、「空の青」に感動している傍らで、片方は「団子の蜜《みつ》」に注目している。片方が「今の時間」に没頭している傍らで、片方は「次の予定」に心囚《とら》われる。

心通わすには、なかなか難しい相手だが、危険察知には向いている。また、あらゆる可能性を網羅する相棒としても最適なのである。

だからこそ、「沈みつつある巨大船タイタニックの生き残りの相棒」に、「いらつき、むかつく配偶者」ほど頼りになる相手はいないのだ。

夫婦は、「この人、なんでこうなのかしら」「今、なぜ、それ言う？」「意味が分からん」「う〜、鈍感！」とつぶやきながら、何とか日々を過ごすことになる。まぁときには、心が通じ合ったような気がして嬉《うれ》しい日もある。また、ときには、生殖多様性の本能の導くままに、別の遺伝子の持ち主に心奪われ、人生の嵐《あらし》に見舞われることもある。

しかし、時を重ねるごとに、不思議な愛着がひたひたと溜《た》まってくる。恋が終わって、情がわく。脳科学上、夫婦という道のりはそのように設計されている。

この世に、「普遍の美しい愛」があると思い込んでいると、目の前の配偶者に耐えられないこともあると思う。けれど、生物多様性の論理にのっとって、相容《あいい》れない相手と、つかのまの相席（何万年も連綿と続く遺伝子の旅からすればね）を楽しむのが人生だと思ってみれば、すれ違うことがなかなかに面白くなってくる。「お～、そうきたか」とくすりと笑って、なんだか愛《いと》おしくなる。こんな夫に比べたら、思った通りの答えが返ってくる理想の男子なんて、きっと飽きちゃうだろうなぁと、私は思ってさえいる。

タイタニックの質問が功を奏したせいかどうか知らないが、冒頭のご夫婦は、その後、二人の赤ちゃんに恵まれて、離婚もせずに暮らしている。

すれ違いを楽しもう。この世のすべての夫婦に、そう伝えたい。

Vol.8　早期教育で失うもの

0歳児を持つ女性から、質問メールをいただいた。英語教育はいくつから始めたらいいのか、という質問である。

「公立学校のカリキュラムで十分。どうしても早期教育を、ということでも、せめて三歳になるまで待ってほしい。赤ちゃんの脳は、なにせ忙しいの。日常の何でもない体験（風に揺れるカーテンや、コップを倒すとこぼれるミルクetc.）から、この世のありようを知り、感性の領域を豊かにしている。小賢《こざか》しく何かを教える時間なんかもったいないだけ」と答えたら、「だって、小学校で英語をやるんですよ。赤ちゃんのときから始めないと間に合わない」と言うのである。「？？？」である。小学校でやるのなら、小学校に任せたらいいじゃない？

私は、息子に、かなも数字も満足に教えないまま小学校に入れた。理由は簡単だ。学校で教わることをあらかじめ知っていたら、授業で退屈してしまうから。人生最初の授業は、退屈してはいけないと、私は、思っている。

私は、人生最初の国語の授業を、今も覚えている。教科書の最初のページだったかしら。女の子が手を上げているイラストに「はい」という文字。「はい」という威勢のいい返事は、文字にするとこうおさまるのか……そう腹に落ちたときの、めくるめくような感覚。私を後に宇宙や脳の研究にまで駆り立てた知の喜びは、確かに、あの瞬間に始まった。

我が家の息子は、入学から間もないころ、算数の教室で笑いが止まらなくなったと教えてくれた。「だってママ、7＋8って、15になるんだよ」と言ったそばから、息子は思い出し笑いをしている。つられて笑いながら「なんでおかしいの？」と尋ねたら、「だって、7と8、どちらも半端《はんぱ》な数じゃん。しかも、半端さの種類が全然違うでしょ。なのに、足したら15なんてキリのいい数字になっちゃって（ぷぷぷ）」

息子が、教室の片隅で、7と8をじっくり味わっている姿を想像して、私はなんとも幸せな気分になった。7と8、機械的に教えこんでおかなくて、本当によかった。

息子は、小学校二年のときに浮力を発見した。風呂《ふろ》でおならをしたとき、「ママ、おならって軽いから浮くわけだけど、同時に水にもおならを押しだす力があるって考えてもよくない？」と言ったのだ。「そうよ、それが浮力の原理なの」と教えてあげたら、「ふ〜ん、やっぱり」と嬉しそうだった。

息子は、ほどなくして表面張力も発見した。「ママ、お風呂のお湯がべたべたするよ」と言うのでどきりとしたら、「ほら、こうやって手のひらで水面をペタペタって触ると、ほんのちょっとだけ、くっついてくるんだ。で、おいら考えたんだけど、水は、もしかすると、一塊《ひとかたまり》になろうとしてるんじゃない？」

それが既に二千年前に発見されているものだとしても、物理法則の発見に立ち会うのは十分エキサイティングだった。彼がこれらの法則を知らされてしまう前に発見したのは、とてもラッキーだったと思う。

逆に、彼が九九を習い始めたとき、私は胸がちくりとした。彼が、掛け算の発見をするチャンスは、永遠に失われてしまうわけだから。とはいえ、二十一世紀の少年は、すべての知を自分で導出するわけにはいかない。彼が物理学者になるとしたら、大学卒業までに二千数百年分の英知にたどり着かなきゃならないのだしね。

とはいえ、息子に、知を「結果」として与えるのは、ぎりぎりまで遅くしたい。公立の学校のカリキュラムは、そのぎりぎりをちゃんと担保してくれる。だから、私は、先に教えることはしなかったし、塾にもやらなかった。

というわけで、息子が、英語に正式に出会ったのは、中学の英語の授業だった。それでも、大学センター試験のヒアリングは満点だったし、バイクレーサーの優勝インタビューも英語のまま理解する。海外旅行も、現地で宿を調達して、自由に歩き回る。先へ先へと「知の結果」を詰め込んでいくことは、知の喜びを奪うこと。早期教育に駆り立てられそうになったら、そのリスクを、どうか思い出してほしい。ゆっくり、ゆっくり。人生は長いのだから。

Vol.9　大切にされる人

あるシーンを想像してほしい。

あなたは、健康診断の結果を聞くため、クリニックを予約した。予約時間は十時。駅から離れているそのクリニックでは、送迎のマイクロバスを九時半によこしてくれる手はずだった。なのに、冷たい雨の中をいくら待ってもバスが来ない。

あなたは、どれくらい待ったところでクリニックに電話をしますか？

私の友人は、十時まで辛抱強く待って、深く傷つきながら電話をした。もちろん、クリニックはすぐに迎えをよこしたけれど、彼女の怒りは収まらない。「受付の女性の恐縮度は、私の傷の深さには到底足りない、不信感が消えない」と彼女は憤慨していた。彼女の気持ちを考えれば、当然であろう。彼女はクリニックを100％信頼していたのだ。悪いのは、クリニックである。

一方、同じ状況で、十分待ったところで電話をする友人がいる。「いつもオンタイムに来るバスが来ないなら、当然、なにか手違いがあったはずで、だとしたら、リカバーできるうちに、受付の女性に知らせてあげたい」というのがその理由だ。

受付の女性の手配ミスだった場合、診療時間に間に合わなければ医師に知らされて、彼女は叱《しか》られる。診療時間にしわ寄せがくる。早めに知らせれば、それを未然に防げるのである。「受付の女性への思いやり」で電話するのだから、迎えに来ない旨《むね》を伝える電話も穏やかで冷静である。どんなに優秀な人材であっても、人的ミスはゼロにはできないことを、経営者の彼女は身にしみて知っている。

もしも、交通事情でバスが少し遅れていただけだとしても、ちゃんとした担当者なら「うるさいなぁ」とは思わない。「手違いがなくてよかったわ。安心して待ってます」とほがらかに言い残せば、担当者も明るい気持ちになる。担当者にとっても、バスの遅延もキャッチできるし、無駄な連絡ではないのである。

さて、予定の診療時間が過ぎた十時十五分に怒り心頭でやってくる顧客と、手配ミスを未然に防いで診療予約に間に合ってきてくれた顧客、受付の女性のより深い謝罪を受けるのはどちらだろうか？

前者の場合、この後の診療時間のやりくりで、彼女の頭は半分上の空に違いない。

後者の場合、謝罪だけでなく感謝も与えられる。つまり、「他人の立場でものを考えられる人」は、結果、「周囲に大切にされる人」なのである。

相手の立場になりなさい……五十二歳の私でさえ、子どものころから言われ続けてきた古典の教訓だ。それでも実際に相手の立場を想像するのは、かなり難しい。

子育てのシーンに目を転じてみよう。

「勉強しなさい」「早く起きなさい」と命令口調で言った挙句、「なんで、勉強しないの⁉」「なんで、起きれないの⁉」となじることはありませんか？　これでは、大切にされる母にはなりえない。

我が家の息子は、日ごろから本当に、私を大事にしてくれる。頼まなくても自主的に家事を手伝ってくれ（私が台所に立つと、「何かすることない？」と声をかけてくれるのだ。お嫁さん並み（微笑））、荷物を持ってくれ、ドアを開けてくれ、悩みを聞いてくれ、ダンスパーティにタキシード姿でついてきてくれ、ロックコンサートに連れて行ってくれる。あからさまな息子自慢でみっともないけど、欠点もたくさんある我が家の息子なのだが、ここだけは非の打ちどころがないので、ご容赦ください。

私は、具体的にそうしてくれと言ったことはない。けれど、そういう関係になれるように、彼が幼いころから、私が気を付けていたことがある。「〇〇しなさい」と「なんで、〇〇できないの⁉」を言わない。一人前の人間として尊重することだ。

そもそも、赤ちゃんの頃から、たとえば、離乳食をべっと口から出したときも、「口に合わないの？　ごめんなさいね」と声をかけた。話が通じる、大人を相手にするように。これは、ことばの発達のためだ。成熟した関係性を物心つく前から知っていたほうが、後に、コミュニケーション能力が高くなる。

小学生の時、だらだらする息子にも、「勉強しなさい」とは言わなかった。「どうして、勉強する気になれないのかしら。ハハに協力できることはない？」と尋ねるのである。寝坊が続くときも、「申し訳ない。あなたがうまく起きれないのは、ハハのマネージメントが悪いからだわ」とあやまる。これは百パーセント正直な気持ちだ。だらだらするのは、脳内ホルモンの分泌《ぶんぴつ》が悪いからで、食事か生活習慣が原因だからね。

すると息子は、共に考え、率先して善処をしてくれる。叱るより、ずっと楽。で、あげく「ハハは、いっつも、おいらのこと思ってくれてるんだね」と言ってくれるのである。

こうして、「勉強しなさい」→「なんで勉強しないの⁉」では、けっして作れない親子関係が出来上がる。その上、子ども自身に、他者を慮《おもんぱか》ってことばを紡《つむ》ぐ癖ができるので、自然に「大切にされる人」に育っていくのである。

家族は、互いをアシストする関係だと私は思う。私は息子のサポーターであり、マネージャーであり、人生のプロデューサーだから、なじる暇はない。ともに戦略を考え、戦術を遂行するのみ。夫に対してもそうでありたいと願っているし（これが非常に難しい。夫は妻に対して素直じゃないからね）、ひいては、関わり合うすべての方たち、たとえばクリニックの受付のお嬢さんに対してもそうありたいと思っている。

Ｖｏｌ．10　眠りの質は、人生の質である

ロンドン・オリンピックに向かう選手たちのうちの何人かが、同じような円筒形のバッグを肩にかけて歩いていたのに、気づかれただろうか？

あれは、ベッドの上に敷くマットで、上質の眠りを創《つく》り出す新素材で作られている。以前から、浅田真央《あさだまお》、錦織圭《にしこりけい》、北島康介《きたじまこうすけ》などの愛用が知られていたが、今回のロンドンでは、一気に利用者が増えた。

二十一世紀に入り、睡眠の研究が進んでいる。脳神経回路を最も速く使うアスリートたちが、「眠りの質」を無視できないと気付き出したようだ。

眠りの質の向上。日本選手団のメダル・ラッシュの一因にあげられるはずだ。

眠りの質は、脳の質であり、人生の質である。

脳科学者なら誰でもこの文言に反論できない。なぜなら、脳は、眠っている間によくなっているからだ。

脳の中には、海馬《かいば》と呼ばれる器官がある。海馬は、記憶と認識を司《つかさど》る器官で、意識活動のすべてをアシストしている。

周囲の状況を把握して動作判断をしたり、思考をしたり、インスピレーションを感じたりするとき、私たちは海馬を使う。会話をするときには、人のことばを認知して咀嚼《そしゃく》し、自らのことばを紡ぐのを海馬がアシストしている。脳の持ち主が意識活動をしている限り、海馬は大忙しなのだ。このため、脳の持ち主が起きている間、海馬は、新たな経験をしても、それを知識として整える暇がない。

海馬は心臓と一緒で、一生休まない。脳の持ち主が眠ると、その本領を発揮する。新知識の構築モードに入るのである。

今日の経験を何度も再生して確かめ、知識を構築する。過去の知識と統合して深い知恵を得てもいる。さらに、知識の断片を組み替えて、荒唐無稽《こうとうむけい》なシーンを脳体験し、将来の発想力のネタも創っているのだ。夢は、海馬の再体験や試行錯誤の途上で見るものなのである。

また、脳神経回路の更新は、運動を司る領域にも起こる。夜寝ている間によくなるのは頭だけではなく、運動センスや芸術センスもそう。

起きている間の体験は、単なるデータとして保持されるに過ぎない。眠っている間、脳は、新たな神経回路を構築したり、既にある神経回路を洗練したりしている。昨日より今日のほうが、脳は進化しているのだ。

さらに、上質の眠りは、翌日の脳内神経伝達の良さをも作りだす。100分の1秒を競うアスリートにも、発想力を必要とするビジネスパーソンにも、恋力を必要とする男女にも、欠かせない脳の底力だ。

したがって、脳に着目すれば、起きている時間は裏、寝ている時間が表。いかによく眠るかは、いかに脳をよくするか、いかに人生をよくするかとイコールなのである。

では、上質な眠りとは、なんだろうか。

難しく考えることはない。眠りを作りだすホルモン・メラトニンをしっかり出してやればいいだけだ。

メラトニンは、網膜が暗さ（一定以下の光量）を感じると分泌される脳内神経伝達物質である。意識活動の領域の信号を鎮静化して、脳の持ち主を眠りに誘う。と同時に、他の領域の信号を活性化させ、脳を知識工場に変えるのだ。

メラトニンは、成長ホルモンをも後押しする。したがって、「寝る子は育つ」は脳科学的にも真実。相撲部屋では、力士の身長を伸ばすために、十代の弟子たちは、ひたすら寝させるのだそうだ。

さらに、メラトニンは、翌朝分泌されるセロトニンの量とも相関関係がある。セロトニンは、脳全体の神経伝達を活性化させるホルモンで、メラトニンがしっかり出ていれば、翌日の行動の質が上がるのである。

さて、その大事な大事なメラトニンには、分泌に時間依存性がある。分泌最盛時間は、夜の十時から二時の間。この四時間に眠るのと、これを外した四時間に眠るのでは、メラトニンの分泌量が圧倒的に違う。人生の質を上げようと思ったら、ここを眠るのが基本なのだ。特に脳の成長期（二十代半ばすぎまで）とボケを防ぎたい成熟期（六十代以降）、ここを寝ていないのは惜しすぎる。恋をゲットしたい時期の男女もそう。そうでない働き盛りの大人でも、十二時には寝てほしい。

成績については、眠りの効果は顕著である。「早寝、早起き、朝ご飯」が徹底している子とそうでない子は、偏差値で5、知能指数で10違うと言われている。また、ある進学校の先生によると、東大現役合格組の夜の平均学習時間は二時間以内だそうだ。「てっぺん」（十二時）を寝て過ごす比率がとても高いという。寝ずに勉強するのは、教育の現場でも、やはり、いい戦略じゃないらしい。

なお、六歳までの幼児と、子ども脳からおとな脳へと脳の構造が激変する中学生は、時刻に関係なくこんこんと寝入ることがある。中学生にいたっては休日に一日中寝ていることも。これは脳が欲しているので、できればそっとしておいてあげよう。

メラトニンを安定して分泌させるためには、網膜に無駄な光を当てないことだ。天井の豆電球は消した方がいい。足元の間接照明はＯＫである。

また、少なくとも就寝一時間前には、テレビ・コンピュータ・携帯電話などの電子画面の電源を切ることだ。これらは自然界にはない波長の光を発し、脳に刺激を残し、メラトニン分泌を阻害する。だから、添い寝する母親が、携帯電話を持ち込んでメールするなんて言語道断。授乳中のそれも信じられない。子どもの人生の質を下げちゃうよ、気を付けて。

あ、そうそう、ここまで、そうしてきてしまったことは、後悔しなくて大丈夫。脳は、人生のどんな瞬間からでもやり直せる。今日から変えればいいのである。子育てを失敗しちゃったなんて、思わなくていいからね。

コツはまだある。夜、お風呂《ふろ》に入ること（バスタブに浸《つ》かること）。尾てい骨に水圧がかかると、交感神経と副交感神経のスイッチの切り替えがうまくいくらしい。お風呂に入るとメラトニンの分泌量が増量することは、実験でも確かめられている。ただし、何時に何度の風呂に入ると効果的なのかには、大きく個人差がある。気持ちいいバスタイムを、家族で見つけてください。

十時から二時の眠り。昔は当たり前だった子どもたちのそれが、今は「親の教養」によってやっと担保される時代になった。働き盛りの年代では、真面目《まじめ》で頑張る人ほど、ここを寝そびれていたりする。

睡眠の質が低ければ、「やる気がない、好奇心がない、集中力がない」の三点セットの脳になる。それじゃ人生は辛《つら》すぎる。どうかいま一度、家族の眠りについて考えてみてください。

Vol.11　脳育ての黄金ルール

前節では、眠りの質は脳の質、ひいては人生の質である、という話をした。網膜が闇《やみ》を感じると、脳内には「眠り」を作りだすメラトニンと呼ばれるホルモンが出てくる。メラトニンは脳を知識工場に変え、寝ている間に脳はバージョンアップする。その分泌最盛時間が十時から二時なので、早寝は人生の基本である、と。

さて、今回は、起きている時間の質を上げるホルモンの話をしよう。その名は、セロトニン。

網膜が朝の自然光を感知すると、脳の中には、「寝覚め」を作りだすホルモンが分泌される。それがセロトニン。メラトニンが鎮静化した意識信号を一気に活性化してくれる。すなわち、脳のスイッチを入れてくれるホルモンだ。

さらに、セロトニンは、一日中、脳にある影響を及ぼす。「しみじみとした穏やかな情感（おもに達成感）」を感じやすい状態にしてくれるのだ。これは、幸福感を生み出し、忍耐力と意欲を下支えする。

ちなみに、うつ病になると、セロトニン剤を処方される。逆に言えば、セロトニンが著《いちじる》しく欠乏すると、人は生きる意欲さえ失うのである。

セロトニンがちゃんと出ていれば、穏やかで、みずみずしい人でいられる。キレにくく、ものごとを投げ出さないので周囲に信頼されるし、些細《ささい》なことにもしみじみと心を動かすので、思いやり深く、センスもいい。苦労をしても、その経験が、人を包み込む優しい心のひだになる。

セロトニンが少ないと、「ついネガティブな気分になるところを、何とか頑張っていい人を演じる」ことになる。これじゃ辛いので頑張れず、結果、人生を先へ先へあきらめていくことになる。すると、苦労が自己否定の材料として記憶の澱《おり》になり、人生を重ねるごとに依怙地《いこじ》になってしまうのだ。

つまりね、心は脳の中にあるのである。心が素敵な人は、ホルモンバランスのいい人だ。

私は、心が貧しい状態に陥っている人に対しても、別にがっかりしない。心が悪いわけじゃない、「栄養バランスのいいものを食べて、早寝早起き」すれば、取り戻せるのだから。

パートナーが心貧しい状態に陥っていたとしても、生活習慣である程度救えるので試してみてください。「こんな人だと思わなかった」と捨てるなんてもったいない。まだ走れる車を、オイルが切れたから捨てるようなものだもの。

さて、このようにセロトニンは「起きている間の心の質を上げ、ひいては人生の運を上げる」ホルモンだが、もう一つ重要な役割がある。直接、知力に関わる役割だ。

前回も述べたように、ヒトの脳は、夜寝ている間に知識工場と化し、昼間の出来事を何度も再生して確かめて知識を構築している。しかし、眠っている時間のほうが短いので、昼間の体験のすべてを知識や知恵に変える時間がない。実は、脳は、起きている間に、「夜、知識に変える出来事」を決めているのである。

そのきっかけとなるのが、「穏やかな情感」だ。人は、ほっとしたり、はっとしたり、しみじみしたり、ほろりとしたり……そんな心の動きがあったとき、脳にサーチポイントが立つのである。「今夜、ここ、よろしくね」というマークである。

セロトニンは、この情感を起こしやすくしてくれるので、サーチポイントが多く立つ。セロトニンが出ている子は、夜つくられる知識の量が多いのである。無味乾燥な授業にだって、「おや？」「あ〜」「なるほど」などと勝手に感動して、夜の知識工場に送り込む。セロトニンが出ていなければ、エンターテインメントな楽しい授業をしてくれたって、脳は無視するのである。

セロトニン、つまり早起きは、早寝に勝るとも劣らない、人生に不可欠の脳のエクササイズなのである。

と言うわけで、セロトニンをより多く出すコツを伝授しよう。朝日に刺激されて出るので、当然、早起きをしてほしい。私の調査では、五時台の後半に起きると、一日中意欲的でいられると自覚する人が多い。

五時台の後半、冬はまだ暗い。それでも、一年中、同じ起床時間をキープしてほしい。というのも、私たちの神経系の中には、体内時計と言って、二十四時間をおおまかに感知する機能がある。寝る前に「五時四十五分に起きる」と念じて寝ると、その時間までに最も効率がいい睡眠ができるように、あらかじめ眠りをプログラミングして実行するのだそうだ。この眠りのプログラムは、毎日同じ時間に寝て起きると、より洗練されていくという。規則正しい生活というのも、脳には大事な要素なのである。

というわけで、一年中、同じ時間を目指していただくと、よりいい結果を得られることになる。とはいえ、休日の朝寝坊ぐらいは、大目に見てあげてね。

また、寝起きに「習慣的に体を動かすこと」をすると、セロトニンの分泌《ぶんぴつ》量が増えることがわかっている。布団《ふとん》をたたむ、庭先へ新聞を取りに行くなど、一人最低一つは朝のお手伝いがあったほうがいい。昭和のおじいちゃんがやっていた「朝日に向かって乾布摩擦」は、かなり秀逸なセロトニン分泌術である。

なお、晴天の少ない時期や、仕事の関係で朝日を目撃しにくい人は、眩《まぶ》しいほどの電灯を一気につけることで多少代替できるので、お試しください。

そして、セロトニン分泌のもう一つの決定打が、朝ごはんである。脳は電気信号を走らせる装置なので、当然エネルギーが不可欠だ。成長期の脳は、眠っている間にエネルギーを使い切るので、朝ごはんなしでは一日を始められない。充電しないと、携帯電話が使えないのと同じである。脳の場合は、一見動いているように見えるから、ついつい油断してしまうけど、性格や成績には大きく跳ね返る。百マス計算で有名な陰山《かげやま》英男《ひでお》先生は、「朝ごはんのおかずの数と成績は比例する」とおっしゃっている。

早寝、早起き、朝ごはん。耳にタコができるような子育ての古典ルールは、二十一世紀の脳科学に照らしても、黄金の脳育てルールであったのである。

Vol.12 言うことを聞かない？

言うことを聞かない、口答えをする。どうしたら、素直な子になりますか？

これは、親御さんから、本当によく寄せられる質問だ。

「言うことを聞かない、その〝言うこと〟ってなんですか？」と私は質問返しをする。

というのも、我が家の息子が言うことを聞いてくれなかった経験がないからだ。

すると「勉強しなさい」「片付けなさい」「早くしなさい」などだという。すべて、いきなりの命令形だ。それって、素直に聞けるものだろうか。

たとえば、カフェで夫とお茶を飲んでいて、彼がいきなり「右向けよ」と言ったら、あなたは素直に「はい」と言って右を向いたままになれますか？「なんでよ」と〝口答え〟したりしませんか？

けれど、「あのうるさいトシ子おばさんがパン買ってるんだよ。目が合わないようにしようぜ。右向いとけよ」と言われたら、あわてて言うことを聞くでしょう？

いきなりの命令を、素直に受け入れることは、脳には難しい。生体としては、かなり危険な行為だからだ。それがたとえ家族であっても、別の個体である以上、利害が反することもある。自分の身を守るために、脳は反射的に警戒する。

というわけで、命令をするのなら、その前に、しっかりとした脳への動機づけが不可欠なのである。しかしながら、「子どもに、勉強や片づけはなぜ必要か、ちゃんと説明しましたか？」と尋ねると、たいていの方は「それって、当たり前のことですよね」とおっしゃる。

本当に、それって、当たり前のことだろうか。子どもの脳になって考えてみればい い。経験の少ない彼らにとって、それはけっして当たり前じゃない。だとしたら、いきなり夫に「右向けよ」と言われた妻の、憤懣《ふんまん》やるかたない気持ちとそう変わらないはずである。

我が家に「言うことを聞かない」と「口答え」のない理由は簡単だ。脳の研究者である私は、子どもの脳の知識のありようを常に見つめてきたので、当然、いきなりの命令は受け入れがたいことを予想していた。

しかし、いちいち、なぜそれが必要かを説明するのは面倒だ。そこで、我が家では、あらかじめ息子に「母も惚《ほ》れる、いい男になってね」と言い続けてきたのである。生まれてきたその日から。

だから、「おばあちゃんに優しくできないなんて、男としてかっこ悪い。ちゃんと、ありがとうって言おうね」「勉強できないなんて、男としてかっこ悪い。勉強してね」「片付けられないなんて、男としてかっこ悪い。ちゃちゃっと片づけてね」と言えば、それで済む。

我が家の息子は、「それがなぜ、男としてかっこ悪いの？」とは聞いてこなかったけれど、聞いてきたら、こう答えるつもりだった。「私がそう思うからよ。私は自分の息子を、世界一かっこいいと思って生きていきたいもの」と。

思春期には、脳科学的な補足もした。「周辺が混沌《こんとん》としていると、空間認識を司《つかさど》る小脳が混乱して、脳が知識の位置関係をうまくつけられないことがあるのよ。成績が上がらない理由が、部屋が片づいていないからだってこと、意外にあるんだから。まぁ、片づけてみて。悪いことは言わないから」とかね。

そこまで動機づけをしておけば、テキも口答えをする隙《すき》がない。「そろそろ、片づけたら？」と言えば、「ああ、そうだね」と答えるしかない。「面倒くさい」と言われたら、「手伝ってあげるわよ」と食い下がる。命令はしないけれど、私は、どこまでもあきらめない。息子もそれを知っているから、「文化祭が終わった次の週末に必ずやります」とか代替案を出す。「わかった。じゃあ、今日は、ベッド周りだけ片づけよう」と妥協案を決める。人を動かすということは、根気がいることなのだ。だから、そこまで関わり合う気がないのに、口先だけで「片づけなさい」なんてけっして言わない。口先で命令形を使っていると、発言を軽んじられる。やがて、存在を軽んじられることになる。結果、「言うことを聞かない」とため息をつくような事態が起こる。それは、子どもの心根が悪いのではない。彼らの脳が健康に機能したこ との、当然の帰結なのである。

反抗も口答えもない子に育てるのは、難しいことじゃない。親が当たり前だと思っ ていることが、「この世をあまり知らない脳には当たり前じゃない」と知り、明確な動機づけをしてやることだ。そして、一度言い出したら後へは引かない不退転の覚悟がなければ、命令形を口にしないこと。お試しください。

Vol.13 「共感」が家族の会話を弾ませる

夫である人に尋ねます。あなたは、妻が「最近、腰がだるくて」と言ったら、なんと応《こた》えますか?

多くの男性が、「医者に行ったのか?」「早く医者に行け」と言ってしまうようである。これは、女ごころ的には、まったくのNGワードだ。「なんて、思いやりがない人!」と思われてしまう。おそらく、心配のあまり、その言葉が出たにもかかわらず、である。

女性脳が対話に求めているのは、共感だ。したがって、まずは、共感することが対話のマナーである。

具体的には、「ことばの反復」が基本。「腰が痛いのか? それは辛《つら》いなぁ」と言って、片づけものを潔《いさぎよ》く引き受ける、が正解。

「ことばの反復」は、すべての会話の皮切りに応用できる。

妻が「今日は、寒かった~。薄着して出かけたら、震え上がっちゃった」と言ったら、「たしかに、寒かった。夕方から冷えたよな」が正解。「今朝、天気予報で言ってたろう?」なんて言っちゃ、絶対ダメである。

女性脳の強い共感欲求には、実は、深い意味がある。女性脳の知識データベースが、「情の動き」を見出しにして、体験知識を数珠《じゅず》つなぎにするからだ。

数珠つなぎの知識構造は、女性脳に、素晴らしい才能をもたらしている。女性脳は、何十年分の関連記憶を瞬時に引き出す天才なのである。

たとえば、子どもが熱を出した晩。「いつもと熱の出方が違っていて心配。でも、救急車を呼ぶほどのことじゃないし、ああ、どうしよう」……そんなふうに途方にくれたとき、何ヶ月も前に公園で立ち話をしたママ友達の話をふと思い出す。それはまるで、たった今聞いたかのように生々しく。同時に、何年も前に観《み》たテレビの情報コーナーや、二十年も前に自分の母親が幼い弟にしていたことを思い出しもする。

女性は、目の前の大切な存在のために、「過去」を一気に引き出して使える見事な臨機応変脳の持ち主だ。子育てのために神様にもらった力である。

関連記憶を一気に引き出せるのは、体験記憶に「心の動き」の見出しがついて、ひも付けされているからだ。立ち話したママの「夜間の子どもの容体急変という恐怖」

に深く共感したとき、相手の体験知識が自らのそれのように脳に収納される。すなわち、情動を見出しにして、脳に数珠つなぎにされる。後の人生で似た情動に陥ったとき、その見出しを頼りに、一気に引き出すことができるのである。その他、楽しい記憶も、しみじみする記憶も同様に収納されていく。

つまりね、女性たちが、日常のとりとめのない体験を互いにしゃべりちらし、「わかる、わかる」「そうよねー」と言って盛大に共感したおすのは、互いの体験知識に情動の見出しをつけて、ひも付けし、何十年経《た》っても使える知識データにするため。崇高な知識活動の一環なのである。

したがって、私たち女性に、「無駄話」という時間は一秒たりともないということを、男性諸氏は心しておいてほしい。

共感は、女性脳にとって不可欠だが、家族の会話にも有用だ。「子どもと会話がはずまない」という家では、共感が少なく、小言が多い傾向にある。

子どもが外でのしんどい経験を話してくれたら、「かわいそうに。世の中厳しいわね」とさらりと同情を、楽しい経験を話してくれたら「そりゃ、良かったじゃない。若いうちにしかできない経験よね」と祝福を。そうして、困ったことが起こったら、おとなの問題解決力を発揮してくれる親なら、話をしたくてたまらなくなるはずだ。
ところが、けっこうな数の母親が、しんどい経験談には「ほうら、だから、いつも言ってるじゃない」と駄目押しし、楽しい経験談には「遊びほうけてばかりね。宿題は？」と水を差す。子ども相手だと、問題解決を急ぐあまり、女性脳の母親も男性脳型の対話をしてしまうのだ。

家族の会話を弾ませたかったら、男女を問わず、共感を皮切りにしよう。問題解決を急いで、相手の気持ちに水をささないように。

そうそう、先の「女性脳の関連記憶を、生々しく一気に脳裏に展開する癖」。これには副作用がある。

夫が何か無神経な発言をしたら、過去の無神経な発言を、一気に脳裏に展開してしまうのである。しかも、たった今言われたかのように新鮮に。

女は「些《さ》細《さい》なことにキレる」ように見える。けれど、ちっとも些細なことなんかじゃない。私たちの脳の中では、過去の総決算をしているのだ。キレている女性は、本当に、深く傷ついているのである。

だから、大切な女性にキレられたら、目の前の事象がいかに些細なことかを説明しても意味がない。どうか、真摯《しんし》に謝ってください。

謝りことばについては、我が家の息子が、素晴らしい構文を発見している。「大切なハハに、〇〇して申し訳ない」だ。

彼が最初にそれを使ったのは、小学校一年のとき。宿題を忘れ続けて、三者面談で叱《しか》られた帰り道、息子は私の手をそっと握りながら、「大事なママに、宿題なんかで嫌な思いさせてごめんね」とつぶやいた。ナイス！である。

以来、彼は、小事から大事に至るまで、この構文で逃げ切っている。男性の皆さま（女性の部下や娘を持つ女性の皆さまも）、お試しあれ。

その際、「口ばっかり」となじられてもひるまないこと。理性の領域では「口ばっかり」と思っても、感性の領域では心解いてしまうのが女性脳なのだから。たかがことば、されどことばである。

Vol.14　思いやりで、男の愛を測らない

前節では、女性脳の知識データベースのありようについて、お話しした。いきなりだったので、「女性脳と男性脳？　え、脳にも性差があるの？」と感じた方も多いのではないだろうか。

そう、男性脳と女性脳は違う。装置として、明確に違うのである。

女性脳は、生まれつき、右脳と左脳の細胞を連携させる神経線維の束《脳梁《のうりょう》》が男性脳より約二十％太い。平たく言えば、右脳と左脳の連携がいい脳なのだ。

右脳は感じる領域、左脳は顕在意識と直結してことばを紡《つむ》ぐ領域。この二つの領域が、密度濃くかつ頻繁に連携する女性脳は、察する天才だ。「目の前の大切なもののわずかな変化も見逃さず、本人も知らず知らずのうちに危険回避をする」こと、そして「大切な人の気持ちを察し、先へ先へ動く」ことを脳の第一使命としている。とりもなおさず、物言わぬ赤ん坊を無事に育て上げるために備えられた本能である。

女性は、こうして自然に、大切なもののことを始終心にかけ、察して動いているた

めに、男性もそうしてくれると信じてしまう節がある。大切に思っているのなら、言わなくてもわかってくれるはず。「今日は、なんだか疲れてて」といえば、「大丈夫か？ 後片付けは、俺がするから休んでて」と言ってくれるとか、髪型が変わったらすぐに気づいてくれるとか。

ところがどっこい、男性脳は「察しない天才」なのだ。彼らの脳は、目の前の人間を綿密に見るようには作られていない。物はよく見えるのだけどね。金属の研磨面を触って、何ミクロンの傷がわかるなんて言う職人技は、男性脳の真骨頂だ。代わりに、人間観察にとんと弱い。

でもね、そのおかげで、目の前の人の動揺につられることもない。遠く広く、ぶれなく感知することができる。この能力のおかげで、遠くから近づいてくる敵や餌《えさ》にいち早く気づき、道に迷いにくく、複雑な機構を組み立て、宇宙論とか世界経済に強いのである。

というわけで、男性脳の主機能は俯瞰《ふかん》力。この能力を使って、男たちは、荒野の果てまで行くし、死ぬまで闘うし、黙々と普遍の大仕事をやってのける。そもそも男性脳は、女の気に入るようになんかできちゃいないのである。

だから、思いやりなんかで、男の愛を測らないことだ。「家事や育児を、思いやりで察して、半分やって」なんて、土台無理な話なのである。男性脳にとっては、いきなり「英語でスピーチして」と言われるよりも難しい。

やってみせ、言って聞かせてさせてみて、褒めてやらねば人は動かじ。そう言ったのは、山本五十六《いそろく》だが、イクメン、カジダン育ては、それくらいの覚悟が必要なのかもしれない。

そうそう、男の子が、女の子に比べていまいち理解力が低いように見えるのも、彼らの脳が生活空間よりも宇宙を眺めるのに向いている脳だから。しかも、八歳以下の男の子や後に理系の能力を発揮する女の子は、生活のそここでぼうっとしている。でも、愚痴や指図で追い立てないで。このとき、脳は、空間認識力の領域を洗練する作業中なのである。思う存分ぼうっとさせないと、理系やアートの力が育たない。

成人男子もたまにこれをする。彼らにも、これをある程度許してあげないと、明日の発想力が保てない。女に一秒たりとも無駄話の時間がないように、男たちにも一秒たりとも無駄〝ぼうっと時間〟はないのである。

さて、空間認識力に長《た》けている男性脳は、人の話もこの領域で聴く。つまり、「この話のゴール（目的）はどこ？　そこまでいくつのポイントがあって、きみ、今いくつめしゃべってるの？」という感じで聞いているのだ。

職場では、男性相手には、「結論から言う＋ポイント数を言う」を心がけると、かなりデキる女だと思われる。「部長、これは○○になりました。理由は三つあります」というように。

とりとめのない話を延々と聞かせると、男性脳はなんと免疫力が落ちる。ときには、絶望感にさえおそわれる。なのに、女性脳のほうは、とりとめのない話をしないとストレスが溜《た》まる。一説には一日約六千語しゃべらないと安《やす》らかに眠れないそうだ。

さっさと結論にたどり着きたい男性脳と、そう易々《やすやす》とゴールに入ってはいられない女性脳（六千語しゃべらないといけないからね）の対話が平和であるわけがないのである。

Vol.15　男の母になるということ

ここ二回ほど、男女脳の話をしてきた。

女性脳は、生まれながらにして、身の回りや、大切な存在をつぶさに観察する才能を持ち、かすかな変化を無意識のうちに感じ取って、未来の危険を知らず知らずのうちに回避する能力を持つ。だから、女の子は、五歳にして母親の言動の矛盾を指摘し、小姑《こじゅうと》のようにふるまえる。ときに煙《けむ》たいけれど、けっこう頼りになる生活のパートナーだ。

一方、男性脳は、目の前のものの変化にはとんと気づかないが、大きな空間を一気に把握《はあく》し、ものの位置関係を繊細に把握する。遠くから近づいてくるものにいち早く対応でき、狩りの能力が高い。この空間認識力を使って、メカも組み立てるし、ビルも建てる。男の子は、五歳にして、宇宙空間にまで思いをはせるが、ズボンのチャックは開けっ放し……というのが、標準の注意力レベルである。

脳は、さぼらない器官である。苦手なことがあるということは、必ずその裏に才能がある。好きなことへの集中力があるのに部屋を片づけられない子には、既成概念にとらわれない発想力が伴っていることが多い。男女脳の違いを意識するとき、どうしても互いの欠点に目が行きがちだが、本当はその裏にある才能のほうに敬意を払いたいものである。

また、思いもよらない言動が、異性の脳の才能を封じ込めて、苦しめていることもあることを知ったほうがいい。母親（子育て中の女性脳）は最強の女性脳なので、どうしても息子の男性脳を理解し損ねる。というわけで、今回は、息子脳理解講座である。

男性脳は、目の前のことに頓着《とんちゃく》せず、遠くの空間やモノの位置関係を見極める脳だ。そのため、目の前のものを勝手に動かされて翻弄《ほんろう》されると、その能力が安定して使えない。度重なれば、神経ストレスを生む。

というわけで、男子の机や本棚を、勝手に片づけてはいけない。幼い男子の場合も、テリトリを決めてやり、そのテリトリにいるときは、おもちゃを取り上げたり、片づけたりしないようにすると、情緒が安定する。姉妹に囲まれていじられがちな男の子には、特に心がけてあげてほしい。

男たちが「定番」にこだわるのは（一度決めた銘柄や店、床屋を容易に変えないのは）、生活空間が出来るだけ変わらないことを望んでいるから。脳に定点を作るのだ。定点がしっかりしている男子ほど、空間認識力が安定して使え、社会的能力を発揮できる。

だから、男の妻や母になるということは、「相も変わらず、そこにいる」ということだと私は思う。十年一日のごとく、安定した情緒で、淡々と暮らしを営んでいくこと。男性脳にとって、それ以上にありがたい存在はないと思う。

さて、位置関係を変えないという意味では、兄弟の優先順位をつけてあげることも大事なポイント。ご飯を出す順番、意見を聞く順番を、長男、次男の順にすることだ。

男性脳にとっては、今日と明日で順番が違うというのは、けっこうなストレスになる。昨日まで何でも一番だった長男の下に、手のかかる赤ん坊が登場したときの幼い男性脳のストレスを考えると、切ないほどだ。赤ちゃんにおっぱいをあげる前に、「赤ちゃんにおっぱいあげるわね」と報告するくらいの配慮をしてあげてほしい。兄として、何ら立ててもらっていないのに「お兄ちゃんのくせに」「お兄ちゃんだから」と言われるのは、あまりにも酷である。

兄として立てられれば、たいがいのことは頑張れる。頑張る兄を見て、弟は尊敬する。四歳の兄と、二歳の弟の間で築き上げられたこの関係は、位置関係を容易に変えない男性脳の特性によって、八十四歳と八十二歳になっても変わらない。たとえ、弟のほうが出世しても、である。母親が兄を立てることによって、兄弟間の無駄な軋轢《あつれき》を避けることができるのである。

さらに、夫は、男子序列のトップに君臨させてあげなければいけない。これは、夫のためというより、息子たちのため。思念空間を広くとる男性脳は、はるか宇宙を思うように、はるか未来も見ている。十何年も勉強し、何十年も働いた挙句に妻にないがしろにされている父親が目標では、未来へのベクトルが定まらず、今日の勉強が頑張れないそうである。ちなみに、夫がいない場合には、気にしなくても大丈夫。息子たちは、別の手立てで未来を見るから。

夫を立て、兄を頼る。昔の母親たちがしてきたことは、最新の脳科学に照らしても、案外、馬鹿《ばか》に出来ないのである。

娘のほうは、女性脳の持ち主なので、母親は自分と同じように考えても大丈夫。ただし、肝《きも》に銘じておかなきゃならないことがある。女の子は、五歳を過ぎれば、一人前の女性脳と同じ。母親とて娘を支配することはできない。信頼関係を築きたければ、大切な女友達のように遇する必要があるのである。

頭ごなしに「〇〇しなさい」と押し付けるのではなく（女友達にそんなこと言わないでしょう?）、「〇〇してみたらどうかしら?」「あなたはどう思う?」というように。

つい叱りすぎる長女には、「下の子の手前、あなたにはついきつく言っちゃうわね。本当は信頼しているのよ」と言っておくといい。信頼関係さえ築ければ、子育てや家事の強力なサポーターになってくれるのが娘なのだから。

子どもの脳は、大人脳と構造が違う。未完成な大人脳なのではなく、それなりに成熟した子ども脳なのである。息子であれ娘であれ、尊重し頼りにすること。そのことで消える子育ての悩みも、実は少なくない。

Vol.16 左利《ひだりき》きで生きるということ

天才には、左利きが多いと言われる。ダ・ヴィンチもピカソもモーツァルトも、私が愛してやまない天才バイクレーサー、ヴァレンティーノ・ロッシも左利きだ。昔、仕事で数学の研究所を訪れたとき、食堂で、私以外のすべての人が左手で箸《はし》を使っているのに驚いたことがある。世にも不思議な感じがしたのだが、この研究所では、左利きが圧倒的多数派だった。理系の研究所には、実はよくあることなのだ。

左利きの脳は、使い方が右利きのそれとは違うので、独自の発想を生みやすい。その上、生きていくのに、右利き用に出来上がっている世の中の仕組みとの関係性に苦慮するので、その訓練が空間認識力を育《はぐく》み、この能力を必要とする、科学・芸術・スポーツの領域で独自の発想を繰り出す天才を作るようである。

「あら、息子のせっかくの左利きを矯正しちゃったわ」と、がっかりした方、大丈夫。左利きなのに右利きで生きる人には、その脳だけが持つ長所があるのだ。子育てに後悔は要らない。

そもそも利き手とは、なんだろうか。

利き手は、脳が作る。脳が、優先して使いたがっている手が利き手なのだ。

私たちの脳は、右半球と左半球に分かれている。俗にいう右脳と左脳だ。感覚器も左右一対。手足、目、耳、鼻の孔。左の感覚器から入った情報は右脳が、右の感覚器から入った情報は左脳が受け取る。この左右の情報の差分から、私たちは空間認識をする。

さて、脳には優位半球というのがある。とっさの判断を必要としたときに、優先的に使う側だ。もしも脳が左右まったく対称の働きをしたら、顔の真ん中に跳んできた石をよけるのに、左右どちらを選ぶかの演算に時間がかかってしまい、よけ損ねてしまうだろう。これを避けるために、優位半球につながっている側の感覚器が先に反応する。それが利き手、利き足、利き耳、利き目なのだ。

したがって、通常これらはすべて同じ側になる。右利きなのに、利き目・利き耳が左という方は、元来左利きだった可能性が高い。左右の脳のバランスがとてもいいので、周囲に合わせて右手を素直に使って生きてきたのだろう。

左手とつながる右脳は、空間認識やイメージ処理を担当している。このため、左利きは、想像力というより空想力が豊かだ。右手がつながる左脳は、顕在意識と直結して、現実に対処する側。右利きは、より実用的ということになる。左利きなのに右利きで生きる人は、空想力と現実対応力のバランスがよく、イメージを現実空間に投影するのが得意だ。デザイナーやプロデューサーに必要とされる能力である。

言語機能は左脳に局在していると言われるが、左利きの人は、右脳にも言語機能が存在する。つまり、左利きにとっては、ことばを紡《つむ》ぐのも右脳に頼っている。このため、左利きの矯正をすると、吃音《きつおん》の障害が出ることもある。ことばを生み出す脳と連動している側の手を封じられてしまうからだ。

我が家の息子は、左利きである。右手では、おもちゃのピストルの引き金も引けない、真性左利きだった。

そんな彼は、小学校一年生の時、「もっと字を丁寧に書きましょう」と言われた。私は先生に、「先生、ごめんなさい、それは無理です」と申し上げた。

左利きの小学生が、右利きの先生の書く文字を習う時。彼らの脳は、とても忙しい。右手で書く、その所作の構造を、彼らは左右反転して独自に作り直さなくてはいけないからだ。

たとえば、折り紙を習う時、向かい側に座った人のそれを真似《まね》するのは、横に座った人のそれを真似るよりずっと難しいはずだ。その困難を、左利きの子どもたちは、雑巾《ぞうきん》を絞るようなささやかな日常の行為に至るまで、すべてに抱えているのである。

というわけで、左利きくんたちは、ときにのろまか不真面目《ふまじめ》に見える。言われてもすぐに行動に移せないからだ。でもね、左利きがいなければ、この世はつまらない。世の中を独自の目線でとらえて、新機軸を繰り出してくる天才の卵たちである。左利きは、無理に矯正せず、大器晩成な育ちを温かく見守ってほしい。もちろん、スプーンを右手に渡すなどの自然な支援で、周囲に合わせて右利きになれるなら、それもまた素晴らしい。将来の人気デザイナーかもしれない。

左利きの子を持つお母さん、今日から、その悩みを楽しみに変えてくださいね。

Vol.17 質問力

「ねぇ、ママ、このロマンスカー、なんで赤いの?」

小田急線新宿駅のホームで、耳に飛び込んできた質問である。振り返ると、五歳くらいの女の子が母親を見上げていた。ホームに入ってきたのは、特急ロマンスカーのクラシカルな7000形車両。彼女は、モダンな白や青のロマンスカーしか見たことがなかったのだろう。

観光シーズン真っ只中《ただなか》の土曜日のこと。箱根に向かうロマンスカーのホームは、楽しげな表情の人々で溢《あふ》れていた。少女の質問は、弾むような声で、母親に投げかけられた。

しかしながら、その〝質問〟のボールは、いきなりホームに叩《たた》きつけられたのである。母親は、イラつくような声で、こう言い放った。「うるさい。あなたには、関係ないこと」。母親の手には、携帯電話があった。

私は、ショックでしばらく立ちすくんでしまった。

当の女の子は、そう気にすることもなく、他のことに興味を移してしまった。この親子にとっては日常茶飯事なのに違いない。だとしたら、彼女の質問力はかなりしぶとい。恒常的に母親に叩き落とされても、まだ発し続ける質問するちから。「頑張れ、あなたの質問力」と、小さな声で応援してしまった。

質問力と言えば、忘れられないことばがある。

三十数年前、私は奈良女子大学で、物理学を専攻していた。当時わが母校には、NASA（アメリカ航空宇宙局）出身の高名な研究者が宇宙論を教えにいらしていた。東大と京大で教鞭《きょうべん》をとるその先生は、京都に来たついでに奈良女子大でも教壇に立ってくださったのである。

その先生が、初講義でこうおっしゃった。「はっきり言って、僕は、あなたたちに何ら期待していない。科学者になるには、この大学の学生は素直すぎる。僕が言った数字を、あなたたちはノートに写し取るだけだろう？　京大生や東大生は自ら計算し直して、『ああ、確かに先生の言った通りだ』なんて生意気な感想を述べたりする。あげく『しかしなぜ、この計算方法なんですか？』なんて聞いてくる。彼らは常に疑い続けているんだ。そうでなければ、新発見は生まれない。それをあなたたちに期待しても無理だろう。では、なんで、僕がこの学校に通うと思う？」

かなり失礼な言い分ではあるが、まぁ、納得するところの方が大きかった。さて、ではなぜ？

「あなたたちが女性だからだよ。将来の科学者を生む可能性のあるひとたちだからだ。あなたたちが自分の子を科学者にしようとするかどうかは知らないが、どの科学者も女性から生まれてくる。科学者になれるかどうかは、母親の質問対応力にかかっている、と僕は思っているから。子どもが無邪気な質問をしたとき、どうかしっかり受け止めてほしい。それを言いに、僕は毎年ここまでやってくるんだ」

私はやがて、人工知能の開発者となって、人間の知性をコンピュータ上に実現する研究に携わった。そうして思い知ったことがある。質問力こそ、知力なのだ。発見は、疑問のかたちで脳裏に浮かぶ。その疑問をテーマに、他者とやりとりすることこそが、知の枠組みの構築なのである（脳が成熟してくれば自問自答もある）。最終的な答えを得ることは、その枠組みにデータを入れるに過ぎない。「頭がいい脳」とは、知の枠組みをたくさん持った脳のことで、データをたくさん蓄えた脳のことじゃない。前者には戦略力があるが、後者にはない。

だから、脳は、その発達段階で、多くの疑問を感じなければならない。どの脳も、その力を持っている。放っておいても、幼子の質問力は溢れるほどで、周囲の大人を圧倒する。「宇宙って何？」「ヒトはなぜ死ぬの？」……投げかけられたら、ほんと、途方に暮れる。

でもね、途方に暮れるのは、「正しい答」を返そうとするからじゃないだろうか。質問に答えられなくても、全然かまわないのである。答えを得ることが、脳の真の目的じゃないからだ。

答えに窮《きゅう》する質問を投げかけられたら、ともに疑問を楽しもう。「ほんと、どうしてなのかしらね。あなたはどう思うの？」と聞いてみればいい。ときに、びっくりするほど素敵な答えをくれる。まったくわからなければ、「母さんもわからない。でも、本当に不思議ね。将来、あなたが勉強して、母さんに教えてちょうだい」と言えばいい。

子どもたちの、無邪気な質問力を心から愛してほしい。質問こそが、知の枠組みを増やしていく大事な〝英才教育〟なのだから。携帯電話のメールに夢中になって、子どもの質問を叩き落すなんて、本当にもったいない。

Vol.18 無邪気力

安藤美姫《みき》さんが、母になった。

スケートをあきらめないまま、身ごもったいのちを生み出した。しかも、赤ちゃんのパパの明確なサポートもないのに。これはもう、あっぱれと言うしかない。

二度も世界女王に輝いた身で、日本選手権の予選から彼女は這《は》い上がる。ぜひ、メダルを手にしてほしい。銀盤を、溢れる母性で満たしてほしい。母性には、朝日に輝く糖蜜のような魅力があるもの。選曲は、シューベルトのアヴェ・マリアがいいと思うのだが、どうかしら?

その圧倒的な努力が、娘さんに伝わらないわけはない。母を恋しがって泣く時間があったことなど、絶対カバーできる。

安藤美姫さんには、無邪気力がある。その選んだ道に、世間の好き嫌いはあろうが、結局無邪気は強い。たとえ、オリンピックに出られなくても、産後のゆるみきった身体《からだ》をたった二ヶ月でアスリート仕様に戻した経験は尊い。いいコーチになるに違いない。

大学三年になった我が家の息子は、今、オフロードバイクに夢中だ。動かなくなったバイク二台を手に入れ、部品をやりくりして、走れるようにしたところ。この夏は、レースにも挑戦する。冬には、雪山越えのロードレースにも参加するのだそうで、それに向けた筋力アップ・エクササイズにも余念がない。

彼の希望進路は、バイクメーカーへの就職なのだそうだ。大学で専攻しているのは理論物理学なので、機械工学出身のライバルに見劣りする。バイクにとことん付き合った経歴を強みにするしかない……とかなんとか言ってるが、まぁ、結局バイクが好きなのである。

十七歳の夏、彼は一途《いちず》な信念を見せて、〝優美な鉄馬〟と呼ばれる名車YAMAHA・SRを手に入れた。それから、地球一周分も走っている。

バイクは、シンプルな機構の乗り物で、絶えずメンテナンスしながら走るのが基本だ。当然、トラブルも起こる。路上の砂に後輪を取られて転倒することだってある。その度に、彼は、知らない大人の男たちに助けられてきた。

バイク乗りたちは、お礼を、というと、誰もが口にするのだそうだ。「お礼は要らない。僕もたくさんの人に助けられてきた。お礼がしたければ、きみも、次の誰かを助ければいい」

　息子は、自然体で、どこにでも行く。ひるまないし、悪びれないし、あきらめない。まるで、人は必ず自分の誠意をわかってくれると信じているかのように。そうして、年齢の割には数多くの、貴重な縁と経験を手に入れてきたのである。彼はこの力を、バイク乗りの男たちにもらった。

　若者たちの無邪気力、彼らを希望の風に載せる力。それは、自分に関わる大人の良心を信じる力だ。たとえ厳しいことを言われても、良かれと思って言ってくれていると信じられるからこそ、無邪気でいられる。

　私は、かつて、性格の合わない部下を持っていた。彼には、つい辛口の発言をしてしまうことが多かったのだが、その彼が、ある日こう言ったのだ。「いつも、期待をかけてくださって、ありがとうございます」

　私は深く反省して、何があっても、この部下の味方になろうとひそかに思った。無邪気は強い。本当に、強い。

　さて、脳科学的な見地から言うと、その無邪気力を決定的に削《そ》いでしまう行為がある。それは、他人の悪口を言うこと。

他人を揶揄《やゆ》したり、ないがしろにしたり、嘲笑《ちょうしょう》したりする人は、他人にそうされてしまうことにおびえることになる。脳は、人にされたことより、自分がしたことの方が、ずっと深く感性の領域に刻印されてしまうからだ。

もちろん、正義感に基づいて、ネガティブな発言を余儀なくされることは、この限りではない。人の言動を斜めに見て、言わなくてもいい一くさりを言ってしまう癖《くせ》は止《や》めたほうがいい。

たとえばね、こんなセリフ。我が家の猫が、この秋、体調を崩した。回復はしたが、獣医さんの「もう、老域に入ったのです。そのつもりで」が心に残った。「だから、ずっとそばにいてやりたい。来年十五年ぶりに予定していた海外旅行もキャンセルしたわ」……ペットを飼っている知人にそう告げたら、「イタリア語なんか習っちゃってたのに、すっかり無駄になりましたね」と笑われた。たぶん彼女にとって、何でもない会話の一端なのだろう。ことさら悪意は感じなかった。けれど、こんな言い方をしていたら、彼女自身が何かを始めるときに、ハードルが高くなるんじゃないだろうか。誰かに後ろ指を指されないように、と生きるのは、けっこうしんどいような気がする。

また、親である人は、子どもの前で、他人の悪口を安易に口にしてはいけない。特に、子どもたちの「人生初の社会的関係を紡《つむ》ぐ大人」である学校の先生を安易に揶揄することは、他人を信じる力を殺してしまう。

人生とはなかなか厳しいもので、大人になれば、どうしたって他人の悪意にさらされることはある。けれど、悪意を悪意と思わない力があれば、結果オーライなことは山ほどある。子どもたちに、信じる力をあげよう。彼らの人生に、素敵な奇跡を起こすために。

Vol.19 ここにおいで

落ち着いて、落ち着いて。何もしなくていいんだよ。ここにおいで。

これは、若い恋人のセリフじゃなくて、我が息子のセリフである。彼は、幼いころから、私が片付かない家事にイラついてテンパると、こういって抱き寄せてくれた。

「おいらは、ただ、抱きしめてほしいだけなんだ。おうちなんか汚くてもいいんだよ」

なんて言うセリフが、これに続いた。

最近は、さすがに「抱きしめてほしいだけなんだ」なんて言ってはくれないけど、「ここにおいで」は、まだ健在だ。二十二歳の息子にこれを言われたら、そのほっとしてとろける気持ちは、恋人相手とたぶんそう変わらない（微笑）。

私は、息子に、生活に緩急《かんきゅう》をつけてリラックスする術《すべ》を教わった。息子が静かに粘り強く私に要求したのは、息子が母親を独占する時間である。家事や仕事に気を取られずに、意識を共有する時間。たとえ十分でも、その時間を持つと、二人とも不思議に落ち着いた。私が働く母親を続けられたのは、この習慣があったからだと思う。わずかな集中時間でも、それは確かな絆《きずな》になったから。

一日子どもの傍にいてあげられるお母さんも、家事に気を取られて一日を過ごしがちなら、ぜひ心がけてみてほしい。兄弟がいるなら、寝かしつけの時間をずらしたり、パパをうまく利用して、それぞれの子に集中時間を作ってほしい。

これは、息子に教わった大事な生活時間だが、私が脳科学的に補足した注意事項もある。それは、「この時間は、母親を独占させる時間」と決めたら、その定番を守ること。安易に、その集中を破らないことだ。

携帯電話に出たら、それは子ども脳の中では「独占時間」ではなくなる。たとえば、三十分の独占時間のうち、ほんの一回、わずか一〜二分のブレイクでも、だ。子どもの脳では、直感的な認識が優先され、記憶を情動で紡ぐので、時間や回数の感覚もきわめて主観的だ（これができないと感性が磨かれない）。「一週間のうちのほんの二〜三回、しかも一回わずか五分だから些細《ささい》だ」という判断はなされない。だから、記憶を紡ぐ手伝いをする大人は、うっかりしていられない。

私自身は、帰宅後、息子が寝付くまで、携帯電話の電源は切った。さいわい、世の中がまだ携帯電話になれていない頃だったので、夜の家族時間に仕事が追いかけてくることはほとんどなかった。それでも、どうしても、というときには、トイレに隠れて電話をしていた。

この夏、LINEというネットワークシステムの利用者が国内で四千五百万人を超えたという。おそらく若い母親世代の多くがこれを利用しているはず。LINEの怖いところは、ネット空間に長い時間不在でいられないことだ。常につながっていないと仲間外れにされる。仕事の連絡も、その反応の要求が格段に狭まっている。携帯電話のない時代なら、翌朝で済む反応が、十五分も反応がないと「遅い」と言われる時代になってしまった。なんて恐ろしい。みんな、苦しくないの？

こんな時代に子育てするからこそ、母である人は覚悟を決めなきゃならない。子どもに母親を独占させる時間を作るために、「私は、十九時以降、子どもたちが寝付く時間まではネット不在である」などと、堂々と宣言してほしい。ほとんどのビジネスタスクも、それで済むはずだ。そうでなかったら、マネジメント方法が悪すぎる。そっちを根本から考え直した方がいい。

赤ちゃんをお持ちのお母さんも、「まだ、わからないから大丈夫」だなんて思わないでね。授乳中のアイコンタクトと話しかけは、赤ちゃんの脳に大事な感性の地図を描く。母親の気配を肌で感じ取っているこのときに、母親が我が子に意識を集中しないでネット・コミュニケーションに夢中になるなんて、あまりにも悲しい。「一人でいるよりもっと孤独」……不実な恋人につぶやくようなそんな気持ちを、子どもの脳の奥深くに植え付けてはいけない。

四十数年前、私が小学生のとき、夏休みに「ただ今、べんきょう中」という札を作らされた。午前中はこれを玄関にかけておき、これを見た子は「あ～そ～ぼっ」と声をかけてはいけないというルールだった。あの習慣があるといいね、ネット空間に。

Vol.20　脳とことば

ヒトがことばに出逢《であ》うのは、いったい、いつだと思いますか？

なんと、それは胎児のとき。実は、お母さんのお腹《なか》の中で、ことばの理解が始まっているのである。

たとえば、お母さんが、何か嬉《うれ》しい思いをして、「ありがとう」と言ったとしよう。お母さんのバイタル変化（気持ちに伴う血流やホルモンの変化）により、お腹の中はとても気持ちよくなり、同時に赤ちゃんの脳には、「ありがとう」ということばを発するときのお母さんの横隔膜や腹筋の動き、音響などの情報が届く。言ってみれば、胎児は、大切なひとの「ありがとう」の真ん中にいるのである。

その体験が度重なれば、「ありがとう」という物理現象と、母胎の気持ちよさの関係が、脳に定着されていく。やがて、この世に生まれてきて、「ありがとう」と声をかけられたとき、子どもは本当に嬉しい気持ちになるに違いない。だって、その脳は、「ありがとう」の主のからだの中で起こる素敵な変化を知っているのだから。

だから、妊婦さんは幸せでなければいけないと、私は思う。もちろん、悲しいこともあっていい、怒りもあっていい。人間の脳は喜怒哀楽のすべての情感を使って成長していくものだからね。けれど、嬉しさや感謝や誇りをことばにする機会にちゃんと恵まれていてほしい。一度も、「ありがとう」に触れずに生まれてきた子に、「親に感謝しろ」「人の役に立つ大人になれ」と言っても無理だもの。

そんな話を、公立高校の全国校長会の講演でさせていただいたことがある。そうしたら、一人の校長先生が楽屋を訪ねてくださった。

この方の奥さまは、末のお子さんのお産で亡《な》くなったのだそうだ。曰《いわ》く、「その子が、ものごころついたときから、なにかにつけ〝ありがとう〟と言ってくれる。そう教えたわけでもないのに、不思議な気がしていました。実は、妻が、ことあるごとに〝ありがとう〟を言ってくれたひとでした。今日の先生の話を聞いて、合点がいきました。末っ子は、お腹の中にいる間に、彼女の〝ありがとう〟に触れていたんですね。……あの子は、母親を知らないわけじゃなかったんだ」

大人になると、ことばは、ほとんどの場合、意味でしか解釈されない。けれど本当は、音の響きや、発音したときの筋肉の動き、人の表情など、脳が受けとめる感性情報は意外に多く、ことばの発達期にはこれが意味よりも深く脳に刻印されるのである。

生まれてきた孫を抱いた祖父母の、「よく、生まれてきたねぇ」という喜びのため息も、ちゃんと、孫の脳に染《し》み入っていく。具体的な記憶としては形成されなくても、「よく」「生まれて」「ねぇ」などということばの奥底に、しみじみとした喜びの感性情報が付加されるのである。

これが、ことばの真理である。人生最初に獲得する母語は、心の動きと共にしか伝えられない。わからないなんて思わずに、お腹の中にいるうちから、美しい日本語をたくさん聞かせてあげてほしい。

生まれてしばらくは、口の筋肉が発音に慣れていないから、しゃべるほうは幼児語だ。でも、脳の理解力は、大人の想像をはるかに超える。だから、会話は、大人に対するそれとあまり変えないほうが、脳の成長効率がいい。

たとえば、息子が離乳食を口からべろっと出したときも、「あら、口に合わなかった？　もう一度トライしてみて……。やっぱりだめ？　じゃ、次は○○を試してみるわね」と、声をかけていた。夫に対する口の利《き》き方と何ら変わらない……というか、もっと丁寧だったかも（微笑）。

そうそう、「わからないと思って、ひどいこと（「この子、要らない」「あなたなんか産まなきゃよかった」）を言ってしまった……」と、どきっとした方、大丈夫ですよ。赤ちゃん脳は、二歳の後半、ことばの持つ情緒感だけを残して、文脈記憶を失ってしまう。文脈上の因果関係（誰が誰にどこで言ったのかなど）が脳裏に残らないのだ。子育てに後悔は要らない。

大人は、つい、子どもの脳を「未熟な、大人脳のミニチュア版」だと思いがちだが、そうじゃない。構造の違う、別の脳なのである。尊重して、頼りにして暮らせばいい。どうか、小さなご家族と、しみじみすることばを、たくさん交わしてください。

Vol.21　家族の絆をつくるもの

我が家の包丁は、男たちが研《と》ぐ。

職人の息子に生まれた夫は、それはそれは上手に刃物を研ぐのだ。父親の手元を見て覚えたそうである。

私が働く母だったので、息子も、舅《しゅうと》の工房で育った。彼も、幼いころから、刃が砥石《といし》に当たるしゃっしゃっという心地よい音に憧《あこが》れ、刃物を研ぎたがった。

その息子が、自分専用の肥後守《ひごのかみ》（和製の折り畳みナイフ）と砥石を与えられたのは、小学校に入ったころだっただろうか。女親としては早すぎる気がしたが、夫の中には「刃物を扱えない男はみっともない」という確固たる美学があったようだ。肥後守に慣れたころ、夫は、何年もかけて吟味した、美しいサバイバルナイフを息子に贈っている。

夫も息子も、ナイフを使って何でもする。肉の塊《かたまり》をきれいにさばくし、革細工《かわざいく》も得意で、ある晩、食事の席で「ペンケースが欲しい」と言ったら、二人ともそれぞれに作ってくれたことがあった。どちらも気に入って手放せないので、私のバッグの中には、今も二つのペンケースが入っている。

一方で、私には、モノづくりのセンスがない。指先のかたちが、力を一点に集中するのに向いていないのだ。思春期のころ、同じ指をしていた父が、棚一つ満足につけられなかったのを見て、「だめだ、この指」と思ったのを鮮明に覚えている。

結婚してすぐ、舅は私の指を見つめて、「帽子作りは、俺の代で終わりだな。この指じゃ、職人の女房は務まらない」と言った。心の中で（お、さすが鋭い）と感心している私の隣で、すかさず姑《しゅうとめ》が「いやですよ。この子たちに、職人の苦労をさせる気はありませんよ」と優しくいなしてくれた。舅も、跡継ぎをあきらめるのが息子のせいじゃなくて、なんだか嬉しそうだった。職人の家にやってきた人一倍不器用な嫁なのに、義父母は、本当に優しく親切にしてくれたと思う。

さて、結婚以来、夫が研いでいた我が家の包丁が、息子の手に託されたのは、息子が十五になったときだった。

その責務は、父から子へうやうやしく継承され、最初の一年ほどは、研ぎ終わると息子が父を呼び、父が仕上げ研ぎをしていた。その仕上げ研ぎがいらなくなって、今や、息子が我が家の包丁番である。

その我が家に、鋼《はがね》の手作りの包丁がやってきた。刃物の名産地に行ったときにお土産にもらったのだが、私は生まれて初めて「切るだけで楽しい」という触感を味わった。息子曰く「この包丁は、料理人のように、毎日研ぐべき包丁」なのだそうだ。この包丁の面倒を見るために、彼は毎週、下宿先から片道二時間の道のりを、バイクにまたがって帰ってくる。

この包丁には「伊保子」と刻まれているので、我が家では「伊保子」と呼ばれている。先日、帰宅後、刃を確認した途端に、息子が「ハハ、伊保子で、何を切ったの」と詰問《きつもん》してくるではないか。「え、かぼちゃです。おかげさまで、とてもよく切れました」と報告したら、「やめてよ、伊保子みたいな繊細な切れモノで、そんな乱暴なことしないで」と注意された。「え、私が繊細?」と聞き返したら、「いや、この包丁」とにべもない。

逸品の包丁を鈍《にぶ》らせないために、父の好きなトマトを、母がストレスなくスライスできるように。成人して家を離れた息子は、そんなふうに実家を案じてくれている。

家族の絆とは面白いものだ。そんななんでもないところに、硬く美しく結ぶだなんて、想像もしていないことだった。

どうも、人は、便利だから、安心だから「家」を愛するわけじゃないらしい。自分がいないと成り立たない、手がかかるからこそ、それが愛《いと》おしいのだ。

介護される身になった実家の母は、なにもできないことが情けなくて涙を流す。かつて、夫の祖母は、「老人センターに行ったら？　ただでお風呂《ふろ》に入れてくれるよ」と言われて、涙を流した。「国に何かしてもらうようになったらおしまいだ。国に何ができるかが、国民の価値なのに」

明治の女は、家を案じるように、国を案じた。祖母たちの時代、この国は国際社会としては後進国で、きっとはらはらさせられ、手もかかったのだろう。日本が先進国の一角を担《にな》うようになった今、大衆は国を案じてはいない。なにかというと、国への不満が募るだけだ。

そう考えると、冷凍やレトルトの食品が手作りのように美味《おい》しくて、エアコンのスイッチも携帯端末から気軽に入れられて、掃除もロボットがしてくれて、ブレーキも車が踏んでくれる社会は、いかがなものだろうか。「国」と同じように、「家」も「車」も愛せないことになってしまう。

料理もうまくてやりくりもうまい、隙《すき》のない良妻賢母も危ないかもしれない。それじゃ、便利だから家にいるが、家のために何かをしようとは思わない夫や子どもと暮らすことにはならないだろうか？

せめて、一家にひとつ、レトロで手がかかることを残そう。家族のすべてに「あなたがいなければ、家は回らない」という何かがあって、はじめて「家」が成り立ち、家族の絆ができるのに違いないから。

Vol.22 子育てが終わる日

私は、自分の子育てが終わった日を、忘れられない。

それは、息子の十五歳の誕生日だった。


十五歳は、大人脳の完成期である。

その三年ほど前、十二歳から十三歳の間に、脳は、その構造を劇的に変える。知識構造が、子ども脳型から大人脳型に変わるのだ。知識の収納形式と、知識を引き出してくる演算機構が変わるのである。

十三歳の脳は、だから、人生の中で最も危うい。脳の構造が劇的に変わったのに、その操作に慣れていない状態だからだ。当然、誤作動もする。操作ミスもする。大切な母親のことを「くそばばぁ」と間違えて呼んじゃうし、友達に「死んじゃえば？」なんて言っちゃって、言った本人が傷ついたりしている。昨日まで忘れ物一つしなかったのに、忘れ物や遅刻の常習犯になっちゃったりもするかもしれない。しかしながら、その誤作動は、永遠に続くわけじゃない。十五歳の誕生日くらいまでには、きっと安定する。だから、まずは、親がど～んと構えていてほしい。

この変化期の脳は、知識構造がアンバランスなので、世界観をつかみそこね、自分のことがよくわからない感じがする。だから、「学校はどう？」とか「お弁当、美味しかった？」と聞いても、「別に」とか「普通」とか答えてくるのだ。面倒くさいというより、「自分の状況や気分」を尋ねられると途方に暮れるのである。

十五歳は、その誤作動が鳴りをひそめて、大人脳が安定する年齢だ。ここから二十八歳くらいまで、単純記憶力がピークになるので、がむしゃらに勉強したり働いたりできる時期に入る。

息子の十五歳の誕生日、私は息子にこう告げた。「十五歳の脳は、大人脳の完成期。あなたの脳に、私がしてあげられることはもうないわ。子育てはこれで終わり。後は、親友になろうね」

で、ふと思いついて、「ところで」と続けた。「私の子育てで、何が一番気に入った？」

答えに窮するだろうと思ったのに、彼は意外にも即答してくれた。「あー、それは、絵本を読んでくれたこと」

「絵本？」

私がぴんと来なくて聞き返すと、

「そう。たくさん読んでくれたじゃん。ほら、『51番目のサンタクロース』とか」

懐《なつ》かしい絵本の題名が出て、私もつい顔がほころぶ。「あー、あったねぇ。あと、身体《からだ》が小さくなって冒険するやつ」と返したら、「『ミクロたんけんたい』！」と息子が大きな声を上げげた。

私の脳裏に、息子に腕枕《うでまくら》をしてやりながら、本を読んで聞かせたシーンが蘇《よみがえ》る。私たちは、寄り添うようにして、本当によく一緒に本を読んだ。私が自分自身の本を読んでいるときも、足をからめて、息子も息子の本を読む。

「ねねね、久しぶりに、絵本読んであげようか」と本気で声をかけたら、「いや、いい」と即座に断られてしまった。

あー、もう、うちに、絵本を読んであげるような子がいなくなっちゃったんだ……

不意に喪失感に襲われて、私は胸が詰まった。「うちに子どもがいなくなっちゃった。子育てが終わっちゃった」

ついさっき、かっこよく「親友になろうね」とクールに言い放ったくせに、涙と鼻水が同時に溢《あふ》れる。

「絵本、聞いてあげようか？」と、ビビりながらも息子が気を使ってくれた。
いやいや、そういうことじゃなく……もっと一緒にいればよかった、もっともっと……もっと、何？　あれ、子育てって、何をするんだったっけ？　「あー、どうしよう、私はあなたに、まだ何もしてあげられていない」

子育てとは、思い返してみれば、何も特別なことじゃない。ただ、一緒にいて、ご飯を食べたり、お風呂に入ったり、成長を見守ったりするだけのことだ。なのに、その最中には、なんであんなに大変だと思ったのだろう。一途《いちず》に母を慕ってくれた幼子の思いは、あんなに私を照らしてくれていたのに。
「あなたと、もっともっと一緒にいればよかった」と、私は号泣した。「そうだね、小さい頃は、ずっとママの帰りを待っていた」と、息子は、優しく背中を撫《な》でてくれた。

今は、ねだれば、息子が私を腕枕して、本を読んでくれる。私たちの大切なひとが逝《い》ってしまったとき、『星の王子さま』（角川文庫、管啓次郎《すがけいじろう》訳）の最終章を、息子に読んでもらった。

星の王子さまは言う。「僕たちはもう会えないけれど、あのたくさんの星の中に、僕の星があるのを知った今、きみは、空の星を見たら微笑《ほほえ》まずにはいられないはずだ。きみは、一つの星を知ったために、すべての星を愛するようになるのさ」

大切なひとは、バイクの事故で亡《な》くなった。こんなつらい思いをするくらいなら、彼を知らなきゃよかったと、私は泣いた。息子は言う。「ハハは、これからバイク乗りを見たら、微笑まずにいられなくなる。彼を失っても、僕らの中には、すべてのバイク乗りへの愛が残る。出逢《であ》いも別れも、人生に何も無駄なことなんてないんだよ」

家族を楽しもう。

家族のだれもが、縁あってこの地球で出逢った、あなたの「星の王子さま」に違いないのだもの。

感じることば

Vol.1　五十の手習い

今年の春から、イタリア語を習っている。

私が愛してやまないバイク・レーサーがイタリア人なので、彼が出演するイタリアのバラエティ番組の内容を理解したかったからだ。

仲のいい五十代の女性二人を誘って、プライベート・レッスンを組んでもらうことになった。なにせ、単純記憶力が著しく落ちている（はずの）五十代女子軍団である。周りに迷惑をかけてはいけない。

前文で「はずの」を入れたのは、五十代は習った事実さえも根こそぎ忘れるので、自分が自覚しているより多めに記憶力が低下しているからだ。

たとえば、先日。息子に「コメ スィ ディーチェ、イン　イタリアーノ？」と聞かれて、「え、なになに？　なんていう意味？」と聞き返したら、「これイタリア語でなんていうの？、という意味だよ」と答える。「え〜〜、あんた、イタリア語しゃべれるの⁉」と驚く私に、「ハハに教えてもらったんじゃん」と苦笑する息子。私は、驚愕《きょうがく》してしまった。それを先生に習ったことも、息子に教えたことも、すっかり忘れている自分に、である。五十代の単純記憶力の低さは、本人の想像をはるかに超える。

ちなみに、イタリア語教室の同級生にその話をしたら、二人とも「絶対に習ってない」と主張したにもかかわらず、私たちのノートには、歴然とその文が書かれていた。Come si dice in Itariano? 大笑いである。

脳科学者として、この経緯は十分予測できたので、最初に私たちはこう告げた。

「先生、私たちは、呆《ぼ》けて教室の場所を忘れるまで、何十年も通います。だから、ゆるやかに、何度も同じことを繰り返して。今回理解できなくても、次回理解できるかもしれない。二回目で覚えなくても、三回目で覚えられるかもしれない。私たちは、イタリア語を習得したいんじゃなくて、イタリア語を楽しみたいのです。

何度教えても、私たちはきっと忘れる。けれど、私たちは楽しく繰り返す。私たちは、習った事実も忘れる年代だから。先生は、どうかそれをストレスに思わないで」

我らがパオロ・マルケッティ先生は、五十代女子三人組の忘却と暴走（ときどきおしゃべりが止まらなくなる）に肩をすくめながら、ゆるやかにレッスンを進めてくださっている。

試験もない、競争もない。忘れたことさえ忘れて、笑い飛ばす。そんな語学講座は、本当に楽しい。英語ともこうやって出逢《であ》えたら、きっと、もっと相性が良かったのに。

それにね、五十代は、単純記憶力が落ちる代わりに、豊かな経験からくる洞察力がある。イタリア語の言い回し一つに文化を感じ、「だから、ドゥカティはあんなバイクが作れるのね」とか「だから、フェラガモの靴は美しいのね」とか盛り上がれる。思い込みも多分に混じっていると思うが、まぁ、脳はそもそも「思い込み装置」。存分に思い込みをして、高らかに人生を楽しめばいい。脳科学的に人生の修業は四十代までに終わる。五十代からの脳はもう治せないし、だから、「今手にしている脳」をフルスロットルでぶんぶん言わせるしかないのである。五十の手習い、万歳である。

さて、そのイタリア語。ちょっと、ふるってる。

イタリア語で、自らの名を名乗るとき、Mi chiamo Ihoko（ミ　キアーモ　イホコ）という言い方をする。mi は英語の me に当たる。chiamo は「呼ぶ」の再帰動詞で、「呼ばせる」という意味あいなのだそうだ。つまり、イタリア人は、自分の名前を名乗るとき、「私のことは、イホコって呼ばせてるの」という言い回しをするのである。

で、名乗り合ったあと、Piacere!（ピアチェッレ）と言い合うのだが、これは「気に入る」という動詞の原型。すなわち、「お気に入りにしてあげる、お気に入りにしてね」という意味合いの挨拶《あいさつ》だ。というわけで、「私は、私のことイホコって呼ばせてるの？　あなたは？」「私はチハルって呼ばせてる」「お気に入り」「お気に入り～」というのが初対面の挨拶の流れ。イタリア人の持つ、どこか貴族的な余裕と親密感が融合した雰囲気はイタリア語が作っているようだ。

ちなみに、年齢を名乗るときは、「私は五十三年分持ってる」という言い方をする。だから、多いほうがなんとなく勝った感じがする。そんなこんなで、イタリア語講座のマダム三人組は今日も増長するばかりである（微笑）。

Vol.2　スイート・コミュニケーション

嘘《うそ》をついてはいけない、甘えてはいけない。

この国では、子どもにそう諭すおとなが多いようだ。なぜだろう？

優しい嘘と、かわいい甘えがなければ、この世はつまらない。人間関係の、素敵な〝バニラエッセンス〟なのに。

息子が保育園に通っていた頃、帰りに道に私を見上げて、彼がこう質問してきたことがある。「ママ、人間は嘘をついちゃいけないの？」

「なぜ、そんなことを聞くの？」と尋ねたら、「先生がそう言ってた。絵本を読んでくれたとき」

私は、立ち止まってしゃがみ、彼と目線を合わせて、こう答えた。「そうね、自分のための、逃げの嘘はいけないわね。でもね、人は、優しい嘘をつかなきゃならない生き物なの。オトナになったら、きっと、たくさんの優しい嘘をつくことになる。たとえば、奥さんが年を取ってきれいじゃなくなっても、きれいだよ、と言ってあげなきゃいけないときもあるし。ママのことがいやになっても、そうじゃないふりをしなきゃ納まらないときもある」

「そんな！　ママのことは、ぜったいにいやにならないよ」と主張する息子を抱きしめて、こう付け加えた。「一度、つき始めた嘘は、最後までつき通す。それが、優しい嘘のルールよ。それは、とてもとても大変なことなの。だから、保育園の先生は、小さなあなたたちにそんな苦労をさせたくなくて、そういってくれたんだと思う」

嘘をついてはいけないのではない。ついてはいけない嘘があるのだ。自分のためにつく、逃げの嘘。

まぁ、そこまで厳密に教えなくても、人は長じるにつれ、嘘をつかなくては生きていけなくなる。不快な人に、いちいち不快だと伝えていたら、大変なことになるからね。ちゃんと生きているおとなたちは、皆、優しい嘘を一つや二つついている。ただ、「甘え」の方、これには上手下手があるような気がする。

甘えにも、自分のためにする怠惰な甘えと、人間関係をよりよくする甘えがある。

たとえば、休日のランチ時。「今日は、だるいから、夫か息子に作ってもらいたい」と思った妻。「疲れてるから、あなた、作ってくれる？」というのは、自分のための甘えのセリフ。

夫が比較的元気なのを確認したうえで、「今日は、あなたのパスタが食べた〜い。あの絶妙のアルデンテ！　お願い」と頼むのは、家族をつなぐ甘えだ。結果は一緒だけど、二人の間に漂《ただよ》う残り香は、大きく違う。

たとえば、職場。「俺、忙しいからさぁ、これ無理なんだよ。きみ、テキトーにやっといてよ」と言われたらむっとするけど、「○○さんの企画書は、いつもタイトルがいいんだよね。活《い》き活《い》きしてて。この件、大事なことだから、きみに仕上げてほしいんだ。週末出勤になるかもしれないけど、引き受けてくれる？」と言われれば、一肌脱ぎたくなる。

自分のために甘える、と思うと、誠実な人は、甘えられなくなる。けれど、「相手の美点を見つけ出し、その美点を称《たた》えるために、ちょっと自分を下におくサービス」と考えたら、甘えは俄然《がぜん》使いやすくなる。そして、それは、二人の間に甘い残り香を漂わす、上質のコミュニケーション術でもある。「あなたにだから、してもらいたい」、そう言われて、しかもその内容が、自分が日頃ひそかに自負している美点だったら、悪い気はしないだろう。

ただし、その美点に本当に心酔していなかったら、それは狡猾《こうかつ》な嘘に過ぎない。甘えを上質コミュニケーションに使える人は、人の美点に感応する才能の持ち主でもある。コミュニケーションの達人になりたかったら、人の美点を見つけ出し、感動する癖をつけることが奥義《おうぎ》なのだ。

自分の責任を免れるための甘えでなく、心から美点を称える甘えであること。最低限、それは守らなくてはならない。けれど、この国のおとなたちは、もっと「甘え」を解禁してもいいと思う。

私の母は、八十を過ぎて身体《からだ》が不自由になってきているが、「何もしなくてもいいから、座ってて」と言われるより、「お母さんの筍煮《たけのこに》がどうしても食べたいの」と言われて立ち上がるほうがずっと幸せそうである。最上の親孝行は、もしかすると「甘え」なのかもしれない。

Vol.3 ネーミングの底力 1

その商品は、試作品の段階で、私のもとにやってきた。両足を並べて乗せるのに足るだけの面積の、平たい樹脂のマット。その表面には、短い突起がブラシのように並んでいる。一目見た印象は、「何の変哲もない、足洗いマットブラシ」である。

私のミッションは、この商品に名前とキャッチコピーを付けること。さらに、この商品を、TVショッピングや通販のチャネルに載せたいというメーカーの悲願を叶《かな》えることだった。

樹脂成型の高い技術を持つ大阪のメーカーが、美容機器などの一般消費者向け商品を作るようになった。その技術力は商品力に確実に活かされ、ただ転がすだけで、頬の贅肉《ぜいにく》をきゅっとつかんで(まるでカリスマ美容家の指のように!)リフトアップ・マッサージしてくれるフェイスローラーは、関連商品群で四十五万個を超える大ヒット商品となっている。

下請け産業が、一般消費者向け商品を手掛ける。その新事業開発の観点で言えば、完全な成功企業なのだ。

しかし、このメーカーには、次なる思いがあった。TVショッピングや通販の定番商品を作りたい、というのである。ドラッグストアやバラエティショップのような雑貨チャネルは、なにせ競争が激しく、目先を変えることが要求されるので、落ち着かない。最高の技術者が、何年もかけて実現した究極の商品を、この早いサイクルに巻き込みたくない、というのが、経営者の切なる思いだった。

その思いに心から賛同し、「究極の商品」なるものの感性マーケティングをお引き受けしたのだったが……

「う〜ん」と、私は唸《うな》ってしまった。無理難題である。筋金入りの通販マダムである私が、その商品を目の前にして、ちっとも欲しくないんだもの。

「とにかく、簡単に足が洗えるんです。べったべたの脂足《あぶらあし》が、さらっさらになります。いくら垢《あか》すりタオルでこすっても残るべたつきが、これならいっさいないんです。水虫への劇的な効果も確認されていますし」と開発者は熱弁をふるう。

そう言われても……。見た目はただの足洗いマット、特徴が「脂足もさっぱり！　今日から簡単に足が洗える、水虫にも効果的」では、通販マダムが憧《あこが》れる要素がいっさいない。

ところが、その表面に手のひらを滑らせた瞬間、私は「あ」と声を上げてしまった。

TVショッピングのアナウンサーをして「生まれて初めての触感」と唸らせたその触《さわ》り心地は、しなやかなのにガシッと引っかかる、それでいて軽やかな、他に類似するものがない感覚だったのである。

さらに、手に取ってみて、その侮《あなど》れなさに気が付いた。独特の粘性のある樹脂で、ブラシの先が絶妙な角度に成型してある。しかも裏側の百を超える吸盤に至るまでの完全一体成型品だ。そして、そのブラシの先には、足裏の角質にいい感じで引っかかる研磨剤がしっかりと塗布してあった。

「こ、これは……なめるように足裏の角質を取り除く、魔法の足やすり⁉」と絶句する私の前に、モニターの使用前・使用後の足裏写真が広げられた。さまざまな水虫が、二〜三週間ほどで跡形もなくなっている。水虫が消える理由は簡単である。水虫の棲《す》み処《か》である古い角質層が削り取られてしまうからだ。不必要な角質層だけが、なめるように優しく削り取られる。その効果は、ガサガサかかとや脂足の解消にとどまらず、菌が原因の臭《にお》いや水虫の悩みにも及ぶのである。それが、わずか十数秒のシャカシャカ洗いで実現出来るのだ。

ここまで簡便で効果が劇的であれば、高年齢層の厚い角質による歩行トラブルにも効果があるに違いない。この道具を使い始めたら、きっと、これなしの生活は考えられなくなる。まるで、歯ブラシを知った後の人類のように。それが、私の「第二印象」だった。

さて、これは、私にとって、コンサルタント人生最大の難問であった。想像を超える道具なので、説明のしようがない。何の変哲もない見た目なので、気を引いてもくれない。なのに、人類の常識を変えるくらいの潜在力を持っているのだ。商品力は申し分ない。

すべては、〝ことば〟にかかっていた。（続く）

Vol.4　ネーミングの底力　2

昨夜、仕事帰りにタクシーに乗ったら、運転手さんの足の臭いに困惑してしまった。よほど降りようかと思ったが、その理由をどう伝えたらいいかわからない。今年一番の冷え込み、と言われた日に、窓を開けて走ることになってしまった。タクシーならものの数分で降りることもできるが、新幹線の隣席の紳士だったりするとことは深刻だ。ブーツの季節には、女性の足だって油断できない。

足を磨《みが》けばいいのである。余分な角質を蓄えておくからいけないのだ。もろくなった表層の角質に潜んだ菌《きん》や染《し》み込んだ脂が、水虫や悪臭の原因になる。足を毎日磨いておけば、かかとのガサガサ、脂足、臭い、水虫が一気に解消する。転びにくい足裏を作り、いつまでも歩ける人生になる。

それは、歯磨きに似ている。口臭、ねばつき、虫歯、歯周病を予防して、いつまでも噛《か》める人生に導く歯磨き。現代人は、歯を磨かずに生きることなど、もう考えられない。

二〇一二年の春、マーケティング・コンサルタントである私の目の前に置かれたのは、究極の足磨きブラシだった。洗うだけで、足裏の余分な角質を、なめるように拭《ぬぐ》い去る。歯ブラシ同様、この足ブラシも人類必須《ひっす》の道具になるに違いない。そう私は確信した。

確信はしたのだが、見た目は、「何の変哲もないマットブラシ」に過ぎない。人類はまだ足裏磨きの重要性に気づいていない。さて、どうしたものか。

見た目に何の変哲もない以上、足ブラシという何の変哲もないことばでは、人々の目が素通りしてしまう。足磨きの新機軸であることを示す、新しいカテゴリ名を付与しなくてはならない。それが、ネーミングの第一使命だった。

新たなカテゴリ名は、フット・グルーマーと名付けることにした。グルーマーは英語で、〝グルーミングの道具〟という意味である。グルーミングとは、鳥や獣たちがする、毛づくろいや肉球をなめたりする行為のこと。動物たちは、余分な角質を取り除き、そこに繁殖する寄生虫から身を守る。羽や皮膚を養生して、狩りの能力を劣化させないためにも不可欠な行為だ。生活能力に長《た》けた美しい肢体は、当然、異性を惹《ひ》きつけることにもなる。

ただのマットブラシに、「フット・グルーマー」と付いていると、「え、なにそれ？普通のブラシと何が違うの？」と意識を喚起することになる。これが見たことがないものに、聞いたことがないカテゴリ名がついていると、案外、見過ごされる。新機軸のネーミングをする際には、平凡な見た目は、かえって注意喚起の材料になるのだ。

次に私は、この商品を女性向け、男性向け、水虫対策の三種展開することを発案した。メーカー的には「一つで全用途に対応できるのになぜ？」と戸惑ったようだが、美容対策（より美しく）と不潔対策（悩み解消）は、意味的には近いが、感性上は正反対の位置にある。混ぜてはいけないのだ。憧《あこが》れのフェラガモの靴に、健康磁気マットが敷かれていたら、がっかりしてしまうのが女ごころなのである。

女性向けグルーマーのネーミングは、「マニキューレ」。イタリア語で「お手入れ、磨く」を意味する。女性脳に効果がある優しいM、滑らかさを感じさせるN、愛らしい拗音《ようおん》（キュ）、華やかさを演出するRで構成されている。

男性向けは、爽《さわ》やかな音韻並び「シティウォーカー」、水虫対策は、迫力のある破裂音B、CHで始まる「バチルスクリア」（バチルスは菌の意）である。

この商品は、TVショッピングのショップ・チャンネルと、通販のディノスに即採用された。どちらも、バイヤーに商品企画書を読んでもらうために半年はかかると言われる人気メディアである。そのどちらのご担当も、同じことをおっしゃった。「このネーミングじゃなきゃ、企画書を開きもしなかった」と。

ネーミングには、やはり力がある。それは付加価値をつけるのではなく、本質を浮き彫りにする底力なのだ。

名づけとは、命を与える営みなのだよ。しかるに名を知れば、その命の弱点がわかる。――かつて読んだ物語の中の、魔法使いのセリフである。マーケティング上は、後半は「しかるに名を謳《うた》えば、その命の潜在能力が伝わる」にしたいところである。

Vol.5 男のモテ期

男には、第二のモテ期というのがあるのだそうだ。

ある男性雑誌のアンケート結果によると、それは五十代半ば。人によっては、その余韻が六十代前半まで続くらしい。周囲の女性たちの好感度（特に若い女性たちのそれ）が明らかに上がるそうだが、当該年齢の読者の皆さまは自覚してらっしゃいますか？

ちなみに、第一のモテ期は、人によってばらつきがあるが、概《おおむ》ね二十代の後半から三十代前半にかけて、だそうだ。ここは生殖適齢期でもありまったく不思議はないのだが、なぜ、四十代より五十代のほうがモテるのだろうか。

実はこれ、脳科学的に説明ができる。

ヒトの脳は、年齢によって機能が違う。二十八歳までの脳、すなわち人生の最初の三分の一は、著しい入力装置だ。脳は、世の中の事象を次々に取り込んで、そこから、生きるすべを手に入れようとしている。だから、遊びにも恋にも勉強にも仕事にもがむしゃらになれる。「先輩の背中を見て、仕事の暗黙知（数字や記号にならない、勘やコツ）を手に入れる」ことも、この時期ならたやすい。ここで手に入れる暗黙知は抽象度が高く応用可能なので、何かにがむしゃらになっておけば、後に別の分野にも才覚を顕《あら》わすことができる。

逆に言うと、二十八歳までをだらだらと無為に過ごした脳については、その後の人材教育はなかなか難しくなる。二十八歳までは、与えられたことを四の五の言わずにこなすこと。たとえ希望した場所に行けなくとも、職種にこだわらず、とにかく身を粉にして働くことだ（子育てでももちろんいい）。

二十代終盤、脳はがむしゃらさをゆっくりと失い、次のステージに入る。ここからは脳の洗練のための二十年を生きていくのだ。体験を重ね、脳神経回路の信号特性を書き換えていく。結果、取るに足らない回路へは信号が行きにくくなり、何度も使われる本質的な回路には信号が行きやすくなる。四十前後になると誰にでも始まる「物忘れ」は、取るに足らない回路がちゃんとわかってきた証拠。たしかに、女優の名前なんか忘れたって、生きていくのに何ら支障はない。

その洗練の果てに、五十代の脳がある。本質的な成功回路に、瞬時に迷いのない信号が流れるので、決断力が半端《はんぱ》じゃないのだ。将棋の米長邦雄《よねながくにお》永世棋聖は、五十代にこう言ったそうだ。「二十代は何百手先も読めたよ。五十代は、とんとそんなわけにはいかない。なのに、なぜか五十代のほうが強い」……そう、勝ち手しか見えないのが、五十代の脳の凄《すご》さなのである。その出力性能は、若い人の想像を超える。当然、入力系は疎《おろそ》かになり、新しいことはなかなか覚えられなくなるが、何らひるむことはない。五十代以降の脳の使命は、本質を見抜き、若い人たちを毅然《きぜん》と導くことなのだから。

さて、この決断力は、日常の些細《ささい》なことにも顕れてくる。たとえば、料理屋のメニューを見たときにも、「この店で、この人と、今だからこそ」のメニューが目に飛び込んでくる。だから、ぐずぐず迷わずに「四月の○○は美味《おい》しいんだよ。一度、食べてごらん」なんて、余裕のエスコートをしてくれる。「どこに行く？ 何食べたい？ 何にしよう」なんて、若い男子が言いがちな生ぬるい発言、五十代の男子はしてこないのである。

同様に、動線にも無駄がなくなる。本人も無意識のうちに、身のこなしが格段にスマートになるのだ。五十代男子と一緒なら、気が付くとエレベータのボタンを押してくれ、気が付くとタクシーを止めていてくれる感じがする。ぐずぐずして要領を得ない若い男の子しか知らない若い女性たちにとっては、どんなにか魅力的なことだろう。

これこそが、第二モテ期の主たる理由なのである。

とはいえ、若い男子が迷うのは、入力装置として優秀だからに他ならない。なにせ、全方位に意識が行っちゃうからね。大人の女性から見たら、それはそれで可愛《かわい》いんだけど（微笑）。

さて、五十代女子の方は、このゆるぎない即決力、残念なことに不利なのだ。女らしさは、間《ま》にあるからね。何かを決めるとき、少し動揺して、まなざしが揺れたり、くちびるがやや開き気味になったまま止まることが、男女の間に情緒感を掻《か》き立てる。

五十代女子は、何かするとき一呼吸入れよう。それだけで、若く見えたりもするらしいです。

Ｖｏｌ．６　老いの備え

昔、「大草原の小さな家」というテレビドラマを観《み》ていて、母親のセリフに胸を打たれたことがあった。

美しく成熟した姉娘と、そばかすだらけでやせっぽちの妹娘。妹の方は、姉に少しでも近づきたくて、不釣り合いな化粧をしてみたり、胸に詰め物を入れて膨らましたりしてみるのだ。しばらく放っておいて、妹娘が挫折《ざせつ》し始めたとき、母親はそっと妹娘に言うのである。

「あなたは、あなたのままでいなくちゃ、もったいないわ。あなたが誰か別の人のふりをしていたら、あなただけを愛する人は、どうやってあなたを見つけたらいいの？」

なぜ、昔のテレビドラマのセリフを思い出したかというと、雑誌の対談で「嫉妬《しっと》」が話題になったからだった。

対談相手は、倉田真由美さん。女心をシニカルかつコミカルに風刺する漫画家だ。ものごとを俯瞰《ふかん》して面白がるのが上手な方なので、男と女の擦れ違いを大いに笑いながら、対談は盛り上がった。

ふと、倉田さんが「黒川さんは、嫉妬なんか知らないでしょ?」とおっしゃったのである。「そんなことないですよ。私が書こうと思っていた題材の本を、先に出版されちゃって、それが平積みになってるのを見たときとか、やられたーと思います」と答えたら、「そんなのは嫉妬と言いません」と倉田さん。「嫉妬はもっと本能的なもので、自分より美人でお金持ちの同級生に、いきなり感じる暗黒うずまく気持ちです。そんなの感じたことないでしょ?」

う〜ん、確かに。そういう意味なら、私には、嫉妬心というのは、まるでないのかもしれない。

私は私。私の脳の感受性のど真ん中に「私」がいる。誰かが美人だとしたら、「美人すぎるんじゃない? 仕事で妙に執着されたりして苦労するだろうな」とか心配しているのである。誰かが頭がよければ、「あんなに切れたら、まわりが愚《おろ》かに見えてイラつくだろうなぁ」と心配している。もちろん、彼女たちは、その感受性でたくましく生きているのだから問題ないわけだが、私自身の感受性で、いきなり美人やキレる手腕になったら、きっと混乱するし、仕事がしにくくなるに違いない。

私は、私の脳でしか生きられない。だとしたら、私の脳に相応《ふさわ》しい持ち物が一番。自分基準で考えて、とっさに足りすぎる人の生きにくさを案じてしまうくらいにそう思っているのだから、嫉妬が入り込むすきがない。

脳科学を知って、その感覚は自覚されたけれども、実はそのずっと前から、私には嫉妬という事象が起こっていない。なぜだろうと、記憶をたどっていったら、冒頭の「大草原の小さな家」の母親のセリフにたどり着いたのだった。まるで真珠貝の中の真珠を探り当てたように、そのことばが「こつん」と当ったのだ。茫洋《ぼうよう》とした記憶の中で。

とりたてて可愛いわけでもなく、頭がよかったわけでもなかった。運動神経も鈍《にぶ》かった。幼いころは、誰も私に期待していないし、自分自身も何も期待していなかった。おかげで、私は誰かと比べて褒《ほ》められたことがなく、それを存在のよりどころにしたことがなかったので、逆に、自分よりも優れた相手に嫉妬を感じる経験もなかった。やがて、「大草原の小さな家」の中のささやかなセリフが、私を支えてくれることになった。嫉妬にからめとられないですむのは、かなり楽である。

そこへ行くと、可愛いね、頭がいいね、足が速いね、と褒められて育った人は、自分よりも長《た》けた相手が現れたときに、存在意義が揺れて心が締め付けられるだろう。それは、とても切ない気がする。競争心や嫉妬と共に、人生を旅することになるのだろうから。もちろん、それを起爆剤にして成功している人もたくさんいるわけだけど。

でも、人生のどこかからか、人はそれまでの価値観の中での勝ち組ではいられなくなる。自分は自分のままでいい、と思えた瞬間に、心は本当に自由になる。ビート板を手放したとたんに、自由に泳げるようになるように。というのも、人は案外、「勝ち」の理由で人を愛したりしないものだから。弱くてもたつくからこそ、愛されたりしているのだもの。

美男美女・勝ち組の方は、ぜひ一度、冒頭の「大草原の小さな家」のセリフを味わってみてほしい。きっと、老いの備えになりますよ（微笑）。

Vol.7　不毛な会話を、愛の会話に変える法

妻「今日は、ごみ収集車、意外に早く来るかもしれない」
夫「土曜日だから、遅いよ」
妻「けど、土曜日って、びっくりするほど早い日があるんだよ」
夫「今日は雨だから、きっと遅いよ」
妻「こないだの雨の日なんて、八時半に来たじゃん」
夫「その前は、十二時だったじゃん」
……両者一歩も引かず、まだまだ続く。

これは、ある夫婦の休日の朝の会話である。
八か月の赤ちゃんがいる若いご夫婦。妻は専業主婦で、夫は商社マン。ごく普通の夫婦のありふれた会話ということで、テレビ局から私のところに持ち込まれた。番組のテーマは「夫婦のすれ違い」。私に、実際の会話のVTRを見て、どうすれ違って

いるのかを解説してほしいと取材に来たのだった。

「なにがどうってわけじゃないけれど、満たされない会話」というのが妻の感想だった。「ごくごく普通の会話なので、解説のしようがあるかどうか」というのが、番組スタッフの感想だった。「とんでもない！　この会話、ありえないんですけど」と言うのが、私の第一声だった。

この夫は、会話の主旨を間違えているのである。妻の最初のセリフは、「不安だから、早く行ってきて」という意思表示なのだ。だから、発するべきは「わかった。ご飯食べ終わったら、すぐに出してくるね」である。

赤ちゃんがいる家庭なら、紙おむつがあるのでごみの量が多い。妻は不安なのだ。この不安を解消するのが、この会話の真の目的である。実際のごみ収集車が本当に早く来るかどうかなんて、この際、全然関係ない。ほんっと、どうだっていい。

男性脳は、物事の真偽、正誤をジャッジするのが大好きだ。右脳（感じる領域）と左脳（顕在意識）の連携頻度が低く、直感が働きにくい男性脳は、好き嫌いで判断するより、客観的な正誤で判断する方が生き残りやすかったのだろう。このため、とっさに、物事の白黒をつけるように進化してきたのである。

一方、右脳と左脳の連携がいい女性脳は、勘が鋭いため、「なんだか嫌な感じがする」「好きになれない」「不安だわ」というセンサーアラームを頼りにして、身を守る。だから女は、不安を口にするだけで、男がすぐに行動に移してくれると思い込む。自分なら、そうするからだ。しかし、男は、無邪気に物事の白黒をつけようとして、女を辟易《へきえき》させる。冒頭のごみ収集車の会話のように。

夫は、「今日は早く来るかもしれない（不安だから、早く出してね）」と言う妻のセリフを、「今日は早く来るかもしれない（あなたはどう思う？）」と取り違えて、「土曜日だから、遅い」と判断して見せただけ。不安を全否定されて、妻が傷ついているなんて、思いもよらずに。

夫も、別に行かないつもりで、このセリフを返したわけじゃないはずだ。おそらく、妻が業《ごう》を煮やして「もういいよ、私が行ってくるから」と言えば、「行かないとは言ってないよ。何、いらいらしてるの？」と不思議がるのに違いない。

これがごく平凡な夫婦の会話だというのなら、この国の夫と妻の会話は、絶望的にすれ違っている。こんな会話を繰り返しながら、よく夫婦を続けていけるものだなぁと、その愛の強さに、かえって感動してしまう。

妻の方にも、本当は導き方がある。

「今日は、なんだかゴミ収集車が早く来そうな予感がして、不安なの。悪いけど、ご飯食べ終わったら、行ってくれない？」と言えばいい。「大丈夫だよ」と言われても「不安なんだもん。お願い」と甘えればいい。

してほしいこと（アクション）を、率直に伝える。これは、男子とのコミュニケーションの基本である。今の気持ちだけを伝えて、後は察して行動してね、というのは、男性脳にとっては無理難題なのだもの。

恋人同士のメールも一緒。落ち込んでいるとき、今日の出来事を延々とつづっても、相手は何を返せばいいのかわからず、放置される確率が高い。「帰り道、なんだか寂しくて落ち込んじゃった。励まして」と送ればいいのだ。

してほしいことを率直に伝えて、欲しいものを手に入れる。それさえできれば、「さっさとごみを捨ててきてくれる夫」や「すぐにメールをくれる彼氏」は、すぐに手に入るはずである（微笑）。

Ｖｏｌ．８　アボリジニ・スイッチ

先日、ウクレレ漫談の牧伸二さんが亡《な》くなった。舞台に穴をあけての飛び込み自殺とみられるものだったので、翌日のワイドショーは、その原因究明に終始していた。老いと病からくる芸の質低下、自らがトリを務める寄席興行の不振、要職からの引退宣告……。

私は、そのワイドショーの一つに出演していたのだが、ふと疑問がわいた。この死は、同情すべき敗北死のように扱われているけれど、本当は尊厳死なのではないだろうか、と。

オーストラリアの原住民・アボリジニは、死に時を知っている。

かつて、そう、教えてくれた方がいた。「アボリジニの老人は、自らの死に時を悟って、毅然《きぜん》と家を出る。たとえ弱っていても、そのときがくると颯爽《さっそう》と立ち上がり、力強く荒野に出て行き、そのまま生を終えるのだ」と。だから、誇り高きアボリジニには、日本のような寝たきり老人はいないのだと、その方は続けた。

私は、強い憤《いきどお》りと共に、「何をおっしゃってるんですか。日本人だって、同じです。誇り高きアボリジニ・スイッチは、日本人の脳にも入るんですよ」と大きな声を出してしまった。私の舅《しゅうと》が、まさにその姿を見せてくれた直後だったからだ。

黒川の父は、ある晩、毅然と立ち上がり、颯爽と家を出て行った。八十代半ばでゆっくりとしか歩けなかった父が、風のように走り、あっという間に町角を曲がって行ってしまった。家族は、父を見失った。十二月の終わり、その冬最初の氷点下に達した晩である。

一晩中探したけれど、父を見つけることはできなかった。父は翌朝、警察に保護されて帰ってきた。セーター一枚にサンダル履きで、氷のように冷たい手をして。

その手を抱きとめた私に、父は、こう言ったのだ。「神様から電報が来たんだよ」「戦争で捕虜になったとき、自殺しようとしたんだが、神様に止められた。お前は職人だから、生きて帰って国のために働かなきゃならないってさ。けど、今朝電報が届いたんだ。もういい、お前は十分に働いた、好きにしていい。……だからさ」

父は、南方戦線にいて、終戦と同時にビルマで捕虜になった。多くの人が亡くなった捕虜生活が辛《つら》くなかったはずはないのに、小学生だった孫息子に「戦争は辛かった？」と聞かれたとき、「いや、帽子屋の修業より、ずっと楽だったよ。捕虜になったときは、職人仲間で麻雀《マージャン》パイを作ってさ、現地の若い衆にも教えてやって、けっこう楽しかった」と粋《いき》にかわした。そんな父に、死に損ねた思いがあったとは……私は、胸を突かれてことばを失った。

急に気温が下がったあの晩、父の脳には、誇り高きアボリジニ・スイッチが入ったのだろう。本当に、気迫溢《あふ》れる若者のように、颯爽と出て行ったのだもの。東京が荒野だったら、父は死ねたのに違いない。そして「自らの死に時を知る、誇り高き老人」と呼ばれたのだ。

なのに、東京には、荒野はない。どこにも辿《たど》りつけず、あげく徘徊《はいかい》老人と呼ばれてしまう。この町は、なんて悲しい街なのだろう。

父のあの瞬間の表情から考えるに、父の脳には豊富なアドレナリンが分泌《ぶんぴつ》されていたと思う。〝闘争と逃走のホルモン〟と呼ばれるアドレナリンは、闘う際に噴出するホルモンで、荒野の果てまで駆け抜ける気持ちをくれる。また、「神様に呼ばれたときは、寒くもないし、痛くもないし、空腹でもなかった」という父の言葉から察するに、おそらく、豊富なドーパミンも出ていたと思う。ドーパミンは、苦痛から解放してくれる脳内麻薬の一つだ。もしも、そのまま荒野に出られたなら、痛みも寒さも感じずに、気を失うことになる。その年の最低気温を記録した晩、この二つのホルモンが脳に溢れたこと。その意味は、とても深い。

父は、その後も何度か〝荒野〟に出て行った。私は、走ってついて行った。ただ黙ってついて行くだけだったが、父は私を気の毒に思うのか、ひとしきり歩くと「帰るぞ」と言ってくれた。「お父さん、ごめんなさい。東京じゃ、お父さんの行きたいとこに行けなくて」とあやまると、「しょうがねえや」と笑っていた。その父も鬼籍に入り、昨年七回忌を迎えた。

牧伸二さんの訃報《ふほう》を聞いたとき、私は、父の「しょうがねえや」という顔を思い出した。牧さんの「あ〜あああ〜やんなちゃった」と歌う時の顔に、ちょっと似ていたから。そして、牧さんの脳にも、誇り高きアボリジニ・スイッチが入ったのかもしれないと思いいたった。

父は、あの晩、隅田川に沿って両国橋を目指したのだそうだ。両国橋にたどり着いていたら、牧さんと同じ結果になっていたかもしれない。しかしながら、父が探したのは空襲で焼ける前の「出征当時の両国橋」だったので、とうとう見つからなかったのである。

豊かに年を重ねた人の、突然の疾風のような死を敗北死として扱うのは、もうやめたらどうだろうか。それは残された家族を深く傷つける。誇り高き最期《さいご》として、篤《あつ》い敬意で語りたいと、私は思う。

Vol.9 歩くということ

歩く、ということ。真剣に考えたことがありますか？

私たちは、下半身に数多くの関節を持っている。足の指の関節たち、それを一つにまとめたジョイントの関節、足首の関節、膝《ひざ》、足の付け根……それらは、一方向のみならず三次元の回転角を呈する。これに骨盤の水平回転を加えた、数十の回転角速度を、私たちの脳は、ダイナミックに制御しながら歩いているのだ。

足の裏からは、膨大な情報が脳に届けられる。床の滑り具合、傾き具合、その日の靴や服装による感覚などだ。各関節からは、フィードバック情報が脳に届けられ、微調整に使われる。目から入ってくる情報からは、これから歩く床の様子や、他者の動きのその先を予測したりもする。絨毯《じゅうたん》に足を乗せる前に、その摩擦力を予測しなければ、私たちはスムーズに歩けないからだ。耳から入ってくる情報や、皮膚に触れる空気圧の情報も、脳は障害物や他者の動きの察知に使っている。

ふう～、理詰めで説明すると、ほんっと難解なこれらのことを、私たちの脳は、ほぼ無意識にこなしているのである。私たちは、全脳を使って歩く。

このため、歩くというのは、脳のありようを露呈する行為でもあるようだ。人は、歩き方に、その人の何かを見る。歩き方で尊敬されることもあれば、見くびられることもある。

私は、ここ一年半ほど、歩き方を習っている。

一昨年から正式な英国式ボールルームダンスを習うようになったのだが、その最初の一年は、とにかく歩くことの修業だった。

ボールルームダンスは、男女が組んで踊る、いわゆる社交ダンスのこと。映画「Shall we ダンス?」に描かれたように、日本式の社交ダンスは、多少風変わりな習い事の世界になっている感があるが(それもそれで楽しいけれど)、本来は、ヨーロッパ社交界で培《つちか》われた、自然でかつ洗練されたスタイルを持つものだ。

ほんものの社交界の人々は、ステップなんかにこだわらない。「右、左、右、その足は四十五度開く」なんてやってない。ダンスとは、「男性がエスコートして、男女で音楽を楽しむこと」、要はそれだけなのだ。ただし、正しく歩くことと、音楽を感じる才能が要る。正しく歩かないと、二人の身体《からだ》がフィットしないからだ。

というわけで、二足歩行歴五十三年にもかかわらず、あらためて正しい歩き方を習うことになったのである。脳が無意識に処理をしている歩き方を直すのは、本当に大変なことなのだが、大変な思いをする価値がある。正しい歩き方は、物理学・構造学上理にかなっているので、なにせ楽なのだ。腰や膝、足への負担が格段に減るので、歩くことが楽しみになる。肩こりとはとんと無縁になり、月に一、二度通っていた整体にも、まったく行かなくなってしまった。私の関節の寿命は、確実に伸びたと思う。下半身のむくみも取れて、「最近、足首が出来たわね」と友人に言われた（今まで、なかったの⁉）。

けど、効能はそれだけじゃない。なんと、イギリス人にナンパされてしまったのである（！）

先生から、「よし。ようやく、外人みたいに歩けるようになったね」と言われた翌朝のこと。そのお墨付きが嬉《うれ》しくて、少々長めの距離の商店街を、ヨーロピアンウォークで抜けて行ったそのとき、後ろから追いかけてきて「英語で話してもいいですか？」と（英語で）話しかけてきた男子がいた。品のいい、四十代くらいの紳士だった。

彼曰《いわ》く、「あなたが歩くのを見たとき、僕の朝がとてもフレッシュな朝になった。

あまりにも素敵だったので、話をしてみたくなり、追いかけてしまった。日本では、あなたのような歩き方の人を見ません。あなたは、どんな人？　お茶を飲む時間はありますか？」（直訳ご容赦）

びっくりである。歩き方だけで？

たかが歩き、されど歩きである。欧米の人たちが、歩き方にこれだけのことを見るのだとしたら、逆に恐ろしくもある。油断して歩く日本人を、彼らが無意識のうちに下に見てしまうこともあるのではないだろうか。私たち日本人だって、覇気のない歩き方をする若者をちょっと見下したりもする。知らないうちに、歩き方にもっと何かを見ているかもしれない。

歩くこと、一度意識してみてはどうかしら？

Vol.10　心の無駄遣い

先日、「感性コミュニケーション～男と女の脳科学」と題して行なった講演で、二十代前半の若い女性から質問を受けた。「部長が、私の言った期日に書類を提出してくれないんです。どうしたらいいでしょうか」

一見、男女脳論に関係ないようなこの質問、実は、男女脳の深い溝を露呈している。

私は彼女に尋ねた。「期日が遅れたリスクは、誰がかぶるの？」

質問者は「本人です」と答えた。私は即座に「じゃあ、気にせず放っておきなさい」と回答した。

「ただし、そのことで自分を傷つけちゃだめよ。部長は、長い経験上の算段があって、後工程に問題が無いぎりぎりの締め切りがわかっているのでしょう。とはいえ、あなたに正式な締め切りを警告してもらうことは、それはそれで大事はなず。そこから、〝のりしろ〟を計算するんだから。

あなたの言うことを聞かないのは、あなたを愚弄《ぐろう》しているわけじゃない。判断材料の一つとして尊重しながら、別の判断をしているだけ。組織の上位の人間には、よくあることよ。そんなことで、私は軽んじられている、なんて思って、落ち込んだり、卑屈になったりしてはいけない。そんなのは、心の無駄遣い」

男性には、気づきにくいことだが、女性脳には「私の言うことを聞いてくれる」ということを、ことのほか尊重する癖がある。

たとえば、女性部下に「この経理書類の締め切りは、二十日です」と言われたとき、男性上司は、それを、彼女個人の意見ではなく、経理部の要求として聞く。「わかった」と返事しながら、工程上、中四日の猶予《ゆうよ》があることを知っていれば、ことによっては、二十二日に提出することもある。

このとき、くだんの女性部下は、「私が言ったことを軽んじている。私を無視している」と感じてしまうのである。迷惑をこうむるのは経理部だし、経理部にしても想定内のことなのに、真ん中で、無駄に女の子が傷ついている。度重なれば、不快感に変わり、恨みも募《つの》る。

女性社員の職場への不満のいくばくかを、この「私の言うことを聞かない」がしめている。

女性脳は、共感欲求が高い脳である。自らの体験のように脳にしまえるからだ。物言わぬ赤ん坊を無事育て上げるために、女性の脳は、周囲のあらゆる知を「共感」という行為によって、他者の体験談をも、吸収して暮らしている。「おしゃべりをして共感する」という行為は、女性脳にとって、大事な知識構築行為なのである。

一方、共感された方は、自分の言ったことが、相手の脳に大事にしまわれたことを悟る。よって、自分の与えた知が、相手にとっても有用であることを知り、この相手に縁を感じ、自らの正しさに安心するのである。

そういう脳の持ち主なのだから、「言ったことに、わかるわかる、とうなずいてくれる」「言ったことをちゃんと聞いてくれる」ことは、男性の想像をはるかに超えて、強い快感なのだ。逆にいえば、「言ったことに賛同してくれない」「言ったことを聞いてくれない」相手に強い不快感を覚え、傷つけられたと感じる。度重なれば、「愚弄されている」と思い込み、恨みを募らせる。

私は、同じ女性脳の持ち主として。それをわかっているから、女性のスタッフが言ったことを聞けないときも、「わかるよ、言ってることはよくわかる。けれど、事業判断として、私はあえて、こっちを選択するわ。ただ、あなたのアドバイスで、リスクはよく分かった。気を付けるわね、ありがとう」と伝えるようにしている。

一方の男性脳は、共感を知識構築の核《かく》とはしていない。こちらは、複数の知見を比較して、思念空間に配置することによって、知識データベースを作っていく。なので、蘊蓄《うんちく》や数字が大好きなのだ。

比較検討が知識構築の核なので、他者の意見も、つい比較検討のネタに使ってしまう。妻や恋人の提言でさえも、公平に判断材料の一つとして脳に取り込むので、何の説明もなく他人の意見を採択したりする。悪気はまったくないのだが、共感を核としている女性脳からすれば、こんな裏切り行為はないのである。特に、理系の男子に、この傾向は強い。

我が家の息子は、小学校六年生の時に、私にこう言ってくれた。「ママ、おいら、最近気づいたんだけど、ママはちょっと変わってる。よそのママと言ってることが全然違う。悪いけど、これから、ママが言ったことが世間に照らして正しいかどうかを判断させてもらうね。でもね、そのことと、おいらがママを愛してるってことは関係ないから。言うことを聞かなくても、愛は変わらないんだよ、わかる？」

女性は、無駄に傷つかないこと。男性は、ことばを足すこと。その二つを人生に取り入れたら、人間関係は、どんなに楽かわからない。

Vol.11　自源病

夫が原因の病、夫源病というのがあるらしい。夫の帰宅時間が近づくと、動悸《どうき》やめまいがする。ひどい場合は鬱《うつ》症状を呈することもある、というのだ。どんなにひどい夫かと思いきや、聞いてみれば、夫にはまったく罪がない。

良妻でありたいと思いつめすぎて、それがストレスになるのだという。料理上手、片づけ上手、やりくり上手。身ぎれいにして、優しい励ましの言葉で夫を盛り立てる「素敵な奥さん」をめざし、言いたいことも言えず、家事の手も抜けず、がんじがらめになっていく。

〝夫源病〟の主婦の方に、「ご主人がそれを望むのですか?」と尋ねると、それがそうでもないらしい。誰に言われたわけでもなく、何よりも自分がそうしたいのだという。良妻である自分が好きなのだ。

素敵な自分になりたい。そのための努力を惜《お》しまない。

褒《ほ》められれば、さらに褒められたくて、無理が重なる。褒められなければ、傷ついて感情的になる。いずれにしても、情緒の起伏が激しいうえに、年齢を重ねるにつれ追い詰められていくので、本人も辛《つら》いだろうけれど、周囲はほとほと手を焼いてしまう。

これを病と呼ぶのなら、自意識の強さによって生じる、いわば自源病である。しかしながら、本人から見れば、「良かれと思ってしてあげている、私の健気《けなげ》な努力」に対し、「夫の理解がない」「子どもが言うことを聞かない」「上司が認めてくれない」「親がひどいことを言う」というふうに見える。実際にとる行動自体は、「良妻」「賢母」「素敵なキャリアウーマン」「良い娘」としての類型なのだから、自分に非があるとは思えないのだ。

しかしながら、この病、自分に原因があると知らなければ、治ることがない。

自分を傷つけてまで、いい子でいようとしている人たちに言うのは本当に酷なのだけど、自分が変わらなければ、けっして周囲は変わらない。

ただし、反省はしちゃいけない。「いい子であろう」としすぎるのをやめて、立ち止まってみればいい。今まで突っ張ってきた相手に、甘えてみればいい。あるいは、信頼できる人の言うことに、理由も聞かず百パーセント従ってみるのもいい。

でもね、それらが出来たら、自源病には陥っていないのに違いない。美しくて、賢い人ほど、この病は深い。よりよくあろうとする思いが、人生をジリ貧にする。切ない話である。

なので、〝自源病〟の方の夫や子どもである方に、お願いしたいことがある。手を抜き、気を抜くことを教えてあげてほしい。

私の息子は、幼いころから、私が自源病で感情を爆発させると、あわてず騒がす、手を握ってこう言ってくれた。「ママ、落ち着いて。おいらは、ママに抱きしめてもらいたいだけなんだ。お部屋なんて汚くてもいいから、ここに座って、落ち着いて」

私は、仕事と家庭を両立しようと頑張りすぎて、時間がないことに追い詰められ、ときに息子をののしり、夫に辛く当たった。けれど、彼らが素晴らしかったのは、私の発言に反発したりせず、「うんうん、そうだね、ごめんね」といなしてくれたことだ。そして、「ママは、いつも本当によく頑張ってるよ。今日くらいサボってもいい。僕たちで何とかするからさ」と言って、両手いっぱいに抱えている〝荷物〟を下させてくれたことだ。この家族がいなかったら、私は、今日まで無事にやってこれなかった。

さて、この「いい子であろう」とする思いは、ビジネスでも、ある障壁を作る。誰もが期待する優等生の答を、素早く出せること。人生の前半は、その能力が高く評価される。ところが、人生も後半に入ってくると、「その人にしか出せない、味わい深い答」が要求されるようになる。

人が「この人にまた会いたい」と思うのは、その人の発言に惹《ひ》かれるからだ。

その人の発言が楽しくてユニークなら、人は楽しみを得る。その人は万人に愛される。

その人の発言が痛くてユニークなら、人は学べる。その人はお金をもらえる。その人の発言が、痛くて凡庸なら、人は心のブレーキをかけられる。その人は嫌われる。

その人の発言が「自分をいい人に見せようとする、よくある優等生な発言」なら、人は何も得るものがない。人は、その人の上を、ただ通り過ぎるだけだ。

今のこの国は、「てっとり早く優等生になれる」小狡《こずる》いマニュアル本で溢《あふ》れている。私は、「透明人間になる本」と呼んでいるけれど。

Ｖｏｌ．12 不誠実な娘

一年半ほど前のことである。実家の父から、怒りの電話がかかってきた。その少し前に、父に頼まれて、私が送った英語学の専門書が、字が小さくて読めないというのである。

父は、六十九歳で脳梗塞《のうこうそく》を患《わずら》ってから、単純記憶力が高校生並みになり、英語の勉強にいそしんだ。これは、別に珍しいことじゃない。脳は、壊《こわ》れた細胞を補うために、残りの細胞を最大限に活性化するので、ときに新たな才覚が発覚するのである。なかでも単純記憶力がよみがえるのは、よくあることのようだ。

父は、栃木の小さな町で、高校の社会科教師として生きた。英語は、父の人生に何ら関係のないように思えたのだが、なぜか一途《いちず》だった。

怒りの電話をかけてきたのは、英語勉強歴十四年を経た、八十三歳のときである。英語力は、受験生の孫息子をはるかにしのぎ、大学受験のテキストを凌駕《りょうが》してしまっていた。物足りないので、英語学の専門書が欲しいと言われ、指定の本をネットで探して、父に送った。その本の字が、八十三歳の父には、小さすぎたのだろう。温厚だった父が、珍しく激高して、「きみは、自分で、この本を見たのか。コンピューターでテキトーに探して、送ってきただけだろう。誠意が足りないじゃないか」と声を荒らげた。「自分でこの本を見て、老眼で読める代物《しろもの》かどうか確かめたらいい。今すぐ、こちらへ来なさい。おまえも、人に先生と呼ばれて、こんな半端《はんぱ》な仕事をしていたらいかん」と言う。

私は私で、ちょっと腹が立った。八十代の老人に読みやすいように書かれた英語の専門書があるわけがない。そもそも、いまさら外国を旅するわけでもなく、論文を書くわけでもない。老人の暇つぶしに、ここまで言われる所以《ゆえん》はない、と思った。こちらは仕事が山積みなのに、今すぐ来いと言う態度にも腹が立った。

なので、私は、ことさら優しい声を出して、こう言ったのだった。「わかったわ。私が悪かった。お父さんにも読める専門書を探して、見つかったら持っていくわね」と。

探すつもりは毛頭なかった。そんなもの、あるとも思えなかったし。父は、そのまま口をつぐんだ。でも、父のことだから、私のこのときの不誠実をちゃんと知っていたと思う。

この春、父は八十五歳の誕生日を迎えた。

その日、父は「腸が、食べ物を吸収しとらん。食べることはもういい」と言い、食事をやめてしまった。

人間の脳とは見事なもので、水分とブドウ糖が供給されなくなると、ほどなく〝脳内麻薬〟と呼ばれるホルモンが出てくる。これらは、恐怖心などの極度の緊張や痛みから、私たちを解放してくれる脳内物質だ。その最期《さいご》のとき、脳は、とても気持ちよく逝《い》くのだと思う。脳の導きに従えば、逝くことは、何ら恐ろしいことじゃない。

書物で学んだこの事実を、父は身をもって見せてくれた。

飲食を止《や》めた父は、うとうとと幸せそうにまどろみ、三日目の夕刻、静かにこの世を離れた。「舞台の主役に、いきなり抜擢《ばってき》されてまいったよ」と苦笑いしたのが、私にくれた最後のことばだった。父の脳には、人生が、一幕の舞台のように思えたのだろうか。父の逝きようは、脳科学を生業とする娘に、まるで見本を見せてくれたようだった。

その父の遺品に、日本国憲法の英語草案の書があったのである。

ああ、そうか……！　父が、英語に夢中だったのは、これだったのだと、私は胸を突かれた。

父は、十七歳で終戦を迎えた。理系だった父が、戦後、東京教育大学の政治学科に進んだのは「この国の背骨を立てるためには、政治を知らなきゃいかん」と思ったからだそうだ。その父は、生涯にわたって、日本国憲法のひずみを案じていた。晩年、単純記憶力が思いがけず復活したとき、父は英語をマスターして、ＧＨＱ草案をちゃんと読もうと決心したのに違いない。読み進めて、その細かなニュアンスを知るために、専門書を求むにいたったのだろう。

なのに、私は、年寄りの暇つぶしだと思って、適当にいなしてしまった。この不誠実を思うたびに、涙が溢れて止まらない。

男たちはことばが足りず、時に真実をあの世にまで持って行ってしまう。切ないけれど、脳内麻薬の溢れた父の脳は、このことも許して、この世を去ったのだと思う。「脳の逝きよう」を見せてもらった娘は、自らの脳を信頼して、人生のもう一山を越えていくしかない。

私を、あなたの娘にしてくれて、本当にありがとう。お父さん。

Vol.13 受け継ぐもの

「孫の力」という雑誌の売れ行きがいいらしい。

かつて、アイビーファッションを流行《はや》らし、ビートルズを聞き、この国を国際社会に押し上げた活力ある世代が、孫ライフを謳歌《おうか》しているのだ。

その雑誌のある号に、「孫に残せるもの」という特集があった。クラシックカーや無人島なんていう、とんでもないものもあって、なかなか楽しめる特集だった。

祖父から、孫へ。

たしかに、一世代とびでしか残せない何かがある。思春期に、十分成熟した大人たちの所作を見るということは、まさに財産だと思う。

義父は、ことばを一つ、孫の中に残した。

義父は、制帽を作る職人で、総じて寡黙《かもく》な人だった。なので、寄り合いがあって人と会うと、ちょっと気疲れしたのかもしれない。帰ってくると、決まって、玄関の上がり端《はな》でズボンの裾《すそ》の埃《ほこり》を払い、迎えに出た私を見上げて「やれやれ」と笑顔になった。

私は、その義父の「やれやれ」が大好きだった。

ヤ行音は、脳に「長い時間幅」を感じさせる効果がある。理由は、母音を揺らして発音するからだ。「ヤ」はイ＋ア、「ユ」はイ＋ウ、「ヨ」はイ＋オでできている。このため、一つ目の母音はほとんど筋肉の動きのみ。二つ目の母音に音のピークが来る。一瞬で終わる筋肉が動き始めてから音のピークが来るまでに時間がかかるのだ。脳は無意識のうち「カ」などと、実際に発音して比べてみてほしい。この時間幅を、脳は無意識のうちに感じていて、語感になぞらえる。「やっと」「ゆっくり」「ようやく」「やがて」など、ヤ行音で始まることばには、時間幅を感じさせる意味のものが多いのもうなずける。

義父の「やれやれ」は、「いろいろあったけど、ようやくここへ帰ってきたよ」というメッセージを私に伝えてくれた。玄関へ迎えに出るものをねぎらう、大人の男の優しい一言だった。この人の留守中、家を守ったことが、誇りに思えるような。

義父は、八十五歳でこの世を去った。

その義父の葬儀の日、葬儀場から帰った玄関で、私は立ちすくんでしまった。いつもなら、ここで義父が「やれやれ」と言って、家族全員をねぎらってくれる場面だったから。その義父がいない。ひとつのことばを失ったことが、あまりに強い喪失感となって、私を襲ったのである。

そのとき、家族の一番後ろから、声がわりをしたばかりの息子の、若々しい「やれやれ」が私の背を押してくれた。それが、息子の「やれやれ」デビューだった。家長を失って、凍《こお》り付いていた家が、何となく動き出したような気がした。

息子に後から「どうして、あの時、やれやれって言ってくれたの?」と尋ねたら、「誰かが言わなきゃならない気がしたんだ。なのに、パパが言ってくれないからさ」と言う。

そのパパの方は、「え? やれやれ? 無理だよ。家に帰っても、やれやれって言う気分にならないもん。特にきみが迎えに出てくれると、あれ、買い物でも頼まれてたっけ?と不安になる」。マジかい(苦笑)。

それから十年近い月日が経《た》った。息子は、今でも、家に帰ってくると「やれやれ」と言いながら靴を脱ぐ。「いろいろあったけど、徹夜でレポートも仕上げて、寒気の中を二時間バイクで走って、ここまで来たよ、ハハ」と、その語感が伝えてくれる。

私は、玄関に義父を迎えに出た若い日のように、誇らしい気持ちで息子を迎え入れる。

あなたのために、家を守っていたのよ、と。

一方、夫の方は、いまだに「やれやれ」は言わない。私が迎えに出ると、「なに？なにか文句でも？」という感じで身構えるのだ。まぁ、確かに、私も悪い。帰りざまに「あれ、買ってきた？」とか「遅くなるなら言ってよ～」って言うからね。けれど、私のせいばかりとも言えまい。同じことを息子にも言うもの。

義父のおおらかな江戸気質は、息子である夫よりも、孫である息子に受け継がれている。気質を受け継ぐということは、ことばを受け継ぐということなのかもしれない。

その、息子の「やれやれ」デビューから十日め、新しい年が明けた。

喪《も》に服すお正月だったが、義母から、ずしっと重いお年玉が息子に手渡された。見れば、旧五百円玉が十枚である。

「なんで、コイン？ しかも、古いのばかり」といぶかしがる私たちに、義母は「おじいちゃんからだよ」と言う。ますます怪訝《けげん》な顔をする孫を、義母は手招きして、父の小引き出しを開けて見せてくれた。

重そうにきしんで開いた、木製の引き出し。そこには、びっしりと、五百円玉が詰まっていたのである。

ますます謎《なぞ》が深まる私だったが、息子は即座に「あー」と声を上げた。「……あれか」と、中学生は絶句する。

五百円玉。聞けば、それは、かつて、幼い孫と寡黙な祖父を結ぶ伝手《つて》だったのだそうだ。

小学校に入って、放課後の長い時間を近所の公園で過ごすようになった息子は、喉《のど》が渇《かわ》くと、ときおり祖父の工房をのぞいて、「ジュース買ってもいい？」とねだった。この時間、台所にいる祖母の方なら、健康を気遣って麦茶を出してくれるからだ。祖父は「おいよ」と短く応《こた》えて、五百円玉を渡したのだそうだ。後で、息子は、おつりを祖父に差し出す。祖父は決まって「つりは、取っとけ」と言ったという。そういえば、このころ、私は息子に小遣《こづか》いというのを渡したことがなかった。漫画雑誌も買っていたし、下町だから駄菓子屋もあり、放課後のいくばくかをここで過ごしもしただろうに。そのお代は、義父の「つり」が、まかなってくれていたのだ。

律儀《りちぎ》な孫と祖父は、「おじいちゃん、おつり」「つりは、取っとけ」を、何年にもわたって繰り返したという。小学校の六年間である。何百回にもなったに違いない。考えてみれば、仕事が趣味だった義父の、唯一《ゆいいつ》の道楽だったようだ。

その孫息子も中学生になって部活動が始まり、近所の公園では遊ばなくなった。自然に、祖父にジュース代をねだることもなくなり、祖父の手元に、その名残の五百円玉が残ったのである。

それにしても、この数。孫息子のおねだりに、小銭が無かったらいけないと思って溜《た》めこんだのだろうが、毎日渡したって、きっと一年以上もある。男の人って、限度を知らないんだから……そうつぶやいた瞬間、私は、それが違うことを悟った。足が弱ってきていた義父は、やがて外に出られなくなっても、孫に「おいよ」と言って、軽やかに五百円玉を渡したかったのだ。だから、せっせと、ここに溜めこんだのに違いない。

義父の工房の片隅の古い小引出し。そこには、愛のことばなんか、きっと一生口にしたことがない大正男の、孫への思いで溢《あふ》れていた。

舅《しゅうと》の葬式に、嫁は忙しい。大好きな舅だったけど、私はこの日まで、涙を流す暇がなかった。けれど、この五百円玉には大いに泣かされた。それからしばらくは、夕餉《ゆうげ》の支度の時間に、外を小学生の元気な声が通るたびに、孫と祖父の風景を思って、私は泣いた。

縁あって、私は、東京下町の職人の家に嫁いできた。シティボーイの夫には、職人気質の父と優しい母がいた。その二人に支えられて、私は子育てをしながら、仕事を続けてこられたのである。今こうして、文章を書く喜びをくれたのも、この家族のおかげ。三十年前、友達の多くが、「一人息子に嫁ぐ？　それに同居なんて信じられない」と言ったけど、嫁としてだって、けっこう家族は楽しめる。そりゃ、異文化交流だから、ぎくしゃくすることは当然あったが、もう忘れてしまった。

息子にとっても、祖父母と寄り添う生活は、豊かな心の糧《かて》になったと思う。クラシックカーや無人島を残したわけじゃないけれど、孫息子にとって、祖父はヒーローだ。

離れて暮らす祖父母だって、当然、孫に大事な何かを残せる。息子のもう一人の祖父も、素敵なことばと所作を孫に残してくれたけれど、それはまた別の機会に語ろうと思う。実家の父が亡《な》くなって間がないので、こちらをさらりと文章に書けるまでには、どうもまだ時間が要るようだ。

解説

鈴木おさむ

家族脳、この本を読んで改めて思う。人生のいくつかのポイントで自分の脳のスタイルが変わってきたんだなと。1972年生まれで、この原稿を書いている2014年に42歳となる僕はありがたいことにちょっとばかり？　人とは違う人生を歩ませていただいている。この本の「男のモテ期」という所を読み、自分が常々ふわっと思っていたことが確信に変わった。ヒトの脳は年齢によって機能が違い、28歳までの間が著しい入力装置であり、世の中のいきる全《すべ》てを手に入れようとしていると書かれていた。つまりは28歳までの体験がその人の脳を作るのだと思った。

こんな経験がある。この仕事を19歳、大学1年生から始めた僕でしたが、この業界にいきなり入り、19歳の僕の話をおもしろいと思って聞いてくれる人なんかいなかった。確かにそうですよね。刺激的な人が多いこの業界で普通の大学生の話がおもしろいわけないし、興味を持たれるわけがない。僕より1年ほど早く作家になった先輩Tさんがいた。とあるラジオの現場でその人に会ったのだが、周りの人がTさんに、「おいT！　この新人にお前の経験、教えてやれよ」と言う。恥ずかしそうにしていたTさん。すると周りの人が教えてくれた。「こいつはな、あの明治大学替え玉事件の受験した奴《やつ》なんだよ」。当時、なべおさみさんの息子で後になべやかんと呼ばれる人が明治大学を受験するときに、明治大学の学生に替え玉受験を頼み、それがバレ社会的な事件になったことがあった。当然、替え玉として受験した明治大学生は大学を退学。ニュースを見ていて思った。「せっかく明治大学に入ったのに、この人の人生は終わったな」って。そう思いますよね？　ふつう？　だけど、この業界は違った。作家になったばかりの僕の目の前に、その替え玉受験をして退学になった人がいる。放送作家をやっている。周りの人はそれを笑っている。しかも誉《ほ》め称《たた》えるように。「こいつの人生、おもしれえだろ」と言わんばかりに。それが最初の衝撃。僕が黒だと思っていることはこの業界では白だった。

そこで気づく。たとえば二人の人間がまったく同じ企画を出したとする。選ぶ人はどっちを選ぶか？　たとえば一人がめちゃくちゃ美人の女性だったら、選ぶ側が男性だった場合、美人の女性の企画を選ぶ人がほとんどだろう。じゃあ、同じ企画を出した人が一人は普通の大学生、一人が元犯罪者だったら。この業界では元犯罪者の人を選ぶのだろう。

人生の付加価値。その人がどれだけおもしろそうか？　という付加価値が大事なんだと気づかされる。

ここで、一度、脳が大きく更新された。この業界で生きている限り、おもしろい人生を歩んでる奴じゃないとなかなか人に認められないと。この脳の更新によって、今まで黒かったものが白く見え始めた。

どうしたら自分の人生に付加価値が出るのか？　本気で考えた。当時、東京ではSMクラブが増え始めた時期だった。そのラジオの現場では大人たちがSMクラブってどんな所なのか？　興味がありそうに話をしていた。これだ！　と思った。今までだったら、SMクラブと聞いて、「変人が通うところ」としか思っていない。だけど脳が更新された僕にとっては、SMクラブは「大人たちが興味あるけど、行くまでの勇気はないところ」なのだと感じ取れた。これしかない！　そう思い立った僕は、19歳でSMクラブに行った。初体験。目黒にあったSMクラブに行き、メモを取りながら体験した。SコースよりMコースの方が安いんだとか、オプションで値段が追加されていくんだとか全てが新鮮。プレーを終えた翌日、僕は仕事場に行き、おそるおそる話した。すると、周りの大人たちは「マジか⁉　お前すげーな⁉　どんなところだった？」と初めて僕に興味を持ってくれた。僕のSM体験記に手を叩《たた》いて笑ってくれた。その結果、僕についたアダ名はSM君。でも、その日から僕が書いていくものに興味を持ってくれるようになった。

これで決定的になった。僕の一回目の脳の更新は終了。世の中の全てのことが、自分がどうしたらもっと興味を持たれる人間になれるのか？　というフィルターで見る脳になった。

二回目の更新は25歳の時に行われた。仕事も波に乗り、テレビのレギュラーも増え始めていた頃。正直、ちょっと調子に乗っていたかもしれない。その時、親から電話がかかってきた。

僕の親は千葉の房総で自転車屋とスポーツ用品店をミックスしたようなお店をやっている。僕が大学に行った頃からお店の調子が決していいわけではないのは知っていた。だけど、その一本の電話「一緒に銀行に行ってくれないか？」で僕の人生は変わっていく。

銀行に行くと、奥の部屋に通されて、当時の支店長さんと父、父の友人がいて僕。

支店長さんは「おさむさんは、お父さんの借金がいくらあるか知っていますか？」と言った。正直、数百万だと思っていた。だけど現実は違った。銀行に5000万円。金融会社に3000万円。闇《やみ》金融に2000万円。限界を超えていた。どうりで実家に帰ると、3分に1回電話がかかってきて、母が電話を取り「今、夫はいません」と言っているわけだと思った。合計1億円の借金。だが、これは仕方ない借金。父がギャンブルしたとか、そういうわけではない。小さく積もっていた借金が膨らんでしまったのだ。

僕が銀行に呼ばれた理由。父は銀行の人に「息子さんを呼んでください。そうしたら借金をうちの銀行で一本でまとめることも考えましょう」的なことを言われていたのだろう。だけど、支店長は僕に言った。「お父さんの破産の申立てをしてください」と。父は驚いた顔をしていた。まさか息子にそんなこと言うなんてって顔だった。実家に帰り、僕と父と母と無言。1億円の借金。いくら僕の仕事が波に乗ってきたとはいえ、無理だと思った。弁護士さんの所に僕が通ったりして色々意見を聞いた。当時、闇金融に対して厳しい法律が出来る前だったので、返さないとなにをされるか分からなかった。奇跡的に父の友人が闇金融の分のお金を貸してくれることになり、最悪の事態は免れたが、借金総額は変わっていない。

僕は数日間仕事を休んだ。もし破産申立てするなら、と色々話を聞いたりしていたのと、正直、そんな精神状態でおもしろいことを考えるバラエティー番組の会議に行けるメンタルではなかった。家族で逃げなきゃいけないかもとも思った。仕事を辞めてとにかく逃げる。そこまで考えていたときに、とあるテレビ局のKさんという方が電話をくれた。このKさん、常に笑いのことを考えているバラエティーの鬼のような存在。僕に笑いの方法を教え込んでくれた人だ。

Kさんからの電話で、僕は状況を全て話した。多分感じたのだろう、もしかしたら辞めるかもと。Kさんは言った。「つらいかもしれないけど、この1週間でお前が経験したことは他の人が経験したことないことだから、会議に来て、この経験をおもしろく喋《しゃべ》ってみろよ」と。なにを言ってるんだと思った。いきなり1億の借金を背負い、放送作家を辞めようと思っている人に、「おもしろく喋ってみろ」ってどういうことだよ。翌週、会議に行った。その日で辞めるつもりだった。挨拶《あいさつ》しにいこうと。すると会議の終わりにKさんが言った。「ここでおさむからおもしろい発表があります」と。

僕は銀行に呼ばれた日から、この1週間の出来事を明るく話した。銀行の支店長さんに僕の仕事を水商売と言われて、あなたにこの借金を返すのは無理だからと言われたことなど、怒れる話までなるべくおもしろく話した。

すると……。みんなが笑ってくれた。僕のこの1週間のつらくてつらくて仕方がない話を笑ってくれた。泣きそうだった。だって、人生で最悪だと思ってたこの1週間の話が、おもしろい話に変わってるんだから。

このときに脳が二度目の更新をされた。どんなにつらいことでも周りにおもしろく話すと、前向きになれると。ある意味壊れたのかもしれない。だけど僕の脳の中での「苦しみ」「辛《つら》さ」を感じる部位が、「おもしろい」に変換するようになったのだ。すごく楽になった。だってね、辛い話を笑ってもらえるんだから。

そこからだった。寝る暇もなく仕事して、お金はほとんど借金に消えていくのが数年続いた。だけど、腹が立ったり、悲しいことが起きると会議でおもしろい話に変えた。これだけがパワーだった。生きるパワーだった。

この経験を経て、もう一個、僕の脳では強烈に書き換えられたこと。それはお金について。

この借金が発覚するまではお金に結構興味があった。だけど、この借金を経て、どうせ稼いでも借金に消えていく。だからお金に興味がなくなったのだ。残った物は何か？　仕事で成果をあげること。お金への興味がなくなるわけだから、仕事に対してものすごくピュアな気持ちで打ち込めるようになったのだ。30歳になるまで、周りのアシストもあり、僕はめちゃくちゃ働きまくり、お金を返す。その繰り返しで、ある意味仕事に対して超ストイックな人間になっていった。

一つだけ、癖が悪かったのは女性に対して。どんな女性と遊んでも、正直おもしろくはなかった。仕事の方が刺激的。つきあってもすぐに飽きてしまい会わなくなったりする。女性はたまに会ってセックスするためのものという脳での認識。

30代直前になり、仕事の大きなチャンスが舞い込んだ。フジテレビの月曜九時、月9といわれる枠でのドラマの脚本執筆。チャレンジした。ドラマは成功した。だけど、そのドラマをやっている半年間、僕は自分の作家としてのスキルのなさも痛感した。ドラマが終わり、30歳になる直前、なんか僕の中では喪失感があった。なぜか？　借金のゴールが見え始めた。このままいくとあと2年ほどで借金も返せる。放送作家になって10年でいろんな仕事をさせてもらった。だけど、ドラマという現場に行き、自分のスキルの限界も感じた。ここから僕はどこに向かって仕事していくのだろうと。

この本の「男のモテ期」にはこうも書いてある。「20代終盤、脳はガムシャラさを失い、次のステージに入る。脳の洗練のための20年を生きていくのだ」と。20代ガムシャラだった。ガムシャラにただおもしろいものを作ることに向くしかなかった。隙《すき》が出来ると自分がお金に追われている現実に立つから。だけど、このガムシャラさは、次のステージの為《ため》のアシストをしてくれた。

ドラマが終わり、たまたま高校の後輩でもある芸人から電話がかかってきて、吉本の売れてない芸人さんと多数出会うようになる。そこで気づくのだ。今までいろんな芸人さんと仕事してきたけど、まだまだおもしろいのに売れてない芸人さんってこんなにいるんだって。そこで思う。自分が放送作家してきて10年経《た》つけど、テレビだけではなく、舞台というところで勝負してみたいと。舞台でおもしろいものを作ることが出来れば、もっと胸を張れるんじゃないかと。

すごくシンプルな自信を手に入れたくなった。

そして、この芸人さんと知り合うことにより、森三中・大島美幸《おおしまみゆき》という人物と出会い、交際0日で結婚することになる。なぜ、いきなり結婚することになったか。これまでつきあってきた女性はかわいかったりエロかったりすることがきっかけだった。ある時、想像したことがある。結婚したらどうなるか？　たぶん2年くらいで浮気して離婚するだろうなと。シミュレーション出来るようになってしまった。だけど、妻と出会った時に思った。この人と結婚したらどうなるんだろうと。そして結婚した。妻と結婚してからの僕は、何度も脳を更新されてきた。

この本に書いてあるようなことを自然とされてきたような気がする。ネーミングが大事と書かれている章があったが、結婚して最初は「おさむさん」「大島」と呼び合っていた僕たちは妻の提案によって「ミータン」「ムータン」と呼び合うようになり、最初こそ罰ゲームみたいだったが、1週間もたつと妻の膝《ひざ》に膝枕《ひざまくら》出来るようになっていた。妻と結婚した大きな理由の一個として「こいつとなら将来仕事がなくなってホームレスになったとしても一緒にいられそうだ」と思ったことがでかい。僕らみたいな仕事は保険もなく、いきなり仕事がなくなってもおかしくない。そういう人も過去にいた。だから怯《おび》える。だけど、妻とだったら自分の格好悪い部分も見せられるなと思った。今までつきあってきた人と結婚したら、自分の格好悪い部分を見せられなかっただろう。だけど妻には見せられる。妻といると脳にバリアを張らなくていいというかね。

妻は僕に知らないことを沢山教えてくれる。感じることが出来る。それって今まで脳の開かれてなかった部分が開かれていってるんじゃないかなと思う。結婚して初めて、これが愛《いと》しさ、これが愛なんだと気づけた。

この本で、結婚して時間がたつと、恋がなくなり情になると書いてあった。僕は結婚して12年たつが、この気持ちは「情」の一言では処理できない。恋でもない。なんだろうと考えたときに「愛感（あいかん）」という言葉が脳からこぼれ出てきた。愛しさを感じるから愛感。

20代ガムシャラに生きて、30歳で妻と出会い結婚して40代になった今、愛感を感じられる脳になった。この脳が50代になり、なにを感じどう変化していくのか、この本を読んで改めて楽しみになった。脳は自分で変わるものではなく、出会いによって変わるものなんだな。

ちなみに、今、僕が沈むタイタニックに乗っていて、妻と彼女が同時に手を差し出したら。

両方の手をつかむだろう。そして両方つかんだあとに、彼女だけ救助船に乗せて、妻と一緒に抱き合いながら沈んで行くに違いない。

なんて本気で考えられるようになったのも、出会いなんだなぁ。

（平成二十六年三月、放送作家）

この作品は左記連載を文庫化にあたり改題、加筆・修正し収録した。

●「家族を楽しもう」
月刊「ファミリス」二〇一一年十一月号から二〇一三年十二月号掲載分までを収録。

●「感じることば」
ひろぎん経済研究所機関誌「カレントひろしま」二〇一二年十月号から二〇一四年三月号掲載分より抜粋して収録＋書下ろし一編。

家《か》族《ぞく》脳《のう》

―親心と子心は、なぜこうも厄介なのか―

新潮文庫 く－29－4

平成二十六年 五月 一日 発行

著者 黒《くろ》川《かわ》伊《い》保《ほ》子《こ》

発行者 佐藤隆信

発行所 株式会社 新潮社

郵便番号 一六二―八七一一
東京都新宿区矢来町七一
電話 編集部(〇三)三二六六―五四四〇
読者係(〇三)三二六六―五一一一
http://www.shinchosha.co.jp

価格はカバーに表示してあります。

乱丁・落丁本は、ご面倒ですが小社読者係宛ご送付ください。送料小社負担にてお取替えいたします。

印刷・錦明印刷株式会社　製本・錦明印刷株式会社

ISBN978-4-10-127954-1 C0195